男孩女孩呵护手册

おうち性教育はじめます
一番やさしい!防犯・SEX・命の伝え方

[日] 福地麻美
[日] 村瀬幸浩 著

郭玉英 译

浙江人民出版社

图书在版编目（CIP）数据

男孩女孩呵护手册 /（日）福地麻美，（日）村濑幸浩著 ; 郭玉英译. — 杭州 : 浙江人民出版社，2023.3
ISBN 978-7-213-10880-8

Ⅰ. ①男… Ⅱ. ①福… ②村… ③郭… Ⅲ. ①青春期—家庭教育—手册 Ⅳ. ① G782-62

中国版本图书馆 CIP 数据核字（2022）第236451号

男孩女孩呵护手册

NANHAI NÜHAI HEHU SHOUCE

[日]福地麻美 [日]村濑幸浩 著 郭玉英 译

出版发行：浙江人民出版社（杭州市体育场路 347 号 邮编：310006）
市场部电话：（0571）85061682 85176516
责任编辑：尚 婧
特约编辑：楼安娜
营销编辑：陈雯怡 赵 娜 陈芊如
责任校对：陈 春
责任印务：幸天骄
封面设计：李 璐
电脑制版：北京之江文化传媒有限公司
印 刷：杭州丰源印刷有限公司
开 本：710 毫米 ×1000 毫米 1/16 印 张：13.75
字 数：45 千字 插 页：1
版 次：2023 年 3 月第 1 版 印 次：2023 年 3 月第 1 次印刷
书 号：ISBN 978-7-213-10880-8
定 价：58.00 元

序言

咔嚓
我回来啦！
插画师 福地
大女儿10岁（小学四年级）
小女儿7岁（小学一年级）
妈妈
我们和朋友约好了，去公园玩喽！
欸！两个人都出去？
要小心哦！
5点之前回来！
知道了
几十分钟后
丁零零
什么？
在附近公园发现可疑人物！？
啊
防性侵短信
收信
[可疑人物信息]
今日，一男子在某某公园搭讪一骑车男孩，称“我给你钱，你跟我走”。
心跳加速
不不，不好不好……
不是我家女儿，太好了！
松口气

上小学后，女儿们开始自己出去玩了。
说实话，每次都是提心吊胆的……
不放心啊！
不安
得教孩子一些保护自己的方法了！
报警器？
防身术？
真不知怎么和孩子讲才好……
如何是好啊！
不想吓唬他们，
又不能什么都不做。
编辑 茚
儿子 4 岁（幼儿园中班）
对于妈妈来讲，男孩子……
一举一动也让人捉摸不透……
穿衣服呀！
臭臭！
咣当！
生理方面搞不懂的地方也有很多。
洗澡的时候不知道怎么洗小鸡鸡，站着尿尿是学孩子爸爸，总算是过来了。
在幼儿园好几次都尿在了裤子上……

不管怎样，青春期身体的变化总是要教给孩子的吧？
我不会教啊！
既没有相关知识又没有实际感受！
还是拜托老公吧！
可这种事对老公都说不出口！
怎么办呀？
？
我们家老大发育比较早。
编辑 小野
女儿 8 岁（小学二年级）
儿子 3 岁（幼儿园小班）
我和她爸都不是这样的。
才小学二年级，就已经开始发育了，而且……
少女内衣
老师也说——
请在家里完成对孩子的性教育。
你家女儿发育比较早，所以……
真没想到这么早就要进行性教育了。
周围也没有能交流这些的人……
唉

教什么，
教到什么程度，
完全不知道啊！
嗯
愁
关于咱们儿子的事情……
销售 内田
女儿9岁（小学三年级）
儿子6岁（小学一年级）
嗯？
噗
再过一阵子，儿子的性教育就交给你吧。
啊？
作为同性
这个性教育，一定要家长来教吗？
也差不多该和女儿分开洗澡了……
嗯，是呢！
什么！你是不是太敏感了呀？
这种事情不是自然而然就懂了的吗？
洗澡也是的，应该由女儿主动说“不要和爸爸一起洗”，不是吗？
耿耿于怀
估计这么说老婆会生气，还是算了吧。
是差不多了。

虽然是成年人，
虽然是家长，
但对这种事情
还是一头雾水……
该怎么讲才好呢？
太难为情了，连老公都不好意思问。
从哪儿教，教到什么程度，一概不知啊。
孩子还这么小就要开始教了吗？
该问谁呀？
？
该我出场了吧！

前　言

非常感谢读者选择翻开这本书。说到“性教育”，写给在青春期才感受到身心变化的孩子和他们家长的书比较多。本书主要面向有 3—10 岁孩子的家庭，对孩子从幼儿时期就应开始的性教育进行了思考和总结。

如今是一个从孩子幼儿时期开始就能接触到性信息的网络时代，近几年来常常能看到关于儿童性侵的新闻。相信所有的家长都不希望自己的孩子成为受害者或加害者。另外，关于性，家长们自己也没有好好学习过，“把关于性的话题挂在嘴边，真觉得难为情”等，我想都是家长们内心中的真实感受。

因此，本书以“性教育”为切入点，把“初潮”“月经”表达为更加口语化的“大姨妈”，而“男性生殖器”“阴茎”用更口语化的“小鸡鸡”表达。希望大家在获得正确知识的同时，与家人谈论身心话题的时候，尽可能根据孩子的成长情况来使用正式名称。

目 录

第3章 上篇 学习身心相关的健康知识・男孩篇
（家长也一起学哦！）

第3章 下篇 学习身心相关的健康知识・女孩篇
（家长也一起学哦！）

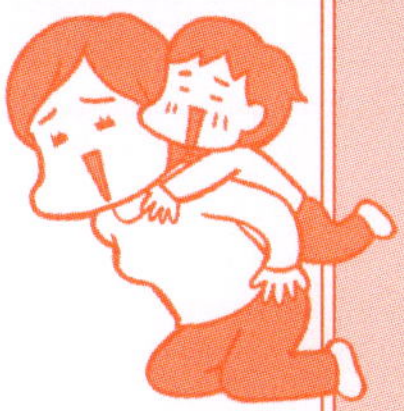

第 4 章　这种情况下该怎么办？性知识问答

第5章 希望家长了解的性知识

第1章

家庭性教育＝为孩子守护幸福的教育

第 1 节

学校里学不到？ 由家长进行性教育的好处

会议之后的闲谈时间
话说最近
附近发现可疑分子，真是吓人啊！
得告诉孩子注意防范。
但是，从何说起呢？
现在身体也开始发育了，是不是该……
有必要？
啊，我懂的！
嗯
啊，是性教育？
差不多了哈！
莫非？
嗯！
我们家是男孩儿，这个嘛，交给我老公！

孩子的性教育就拜托啦！
唉，在这里。
妻
这个……
这个……一定要我们家长来解释吗？
欸？
应该吧！
到底是什么情况呢？
不！
这种事情，我觉得还是不要家长出面吧？
谁都不希望由家长来教这些！
有必要的东西学校应该会教的！
至于其他的嘛……
自然而然就明白了，
不是这样吗？
我当年就是这样的啊……

而且要是知道了，也许会出于好奇付诸行动……
好想试试！
这样啊！
但是又担心被卷入性犯罪之类的麻烦事里。
什么都不教又会担心……
防范和性教育不是两回事情吗？
是吗？
其实，我们家的孩子发育有些早，被学校老师通知——
“请在家里做好性教育！”
才小学二年级啊！
这样啊！
原来在学校统一学习之前就已经有孩子需要学习了呀？
老师说的？
是的！
关于例假的事情还能解释，但要是说到生孩子……
生孩子！
就会涉及怎么才能生出孩子，对吧？
孩子是怎么……

要是知道自己的爸爸妈妈做过那种事……
会不会讨厌我们啊？
不安
额，而且——
真要和孩子说的话，还不知道如何开口。
似懂非懂？
说是要知无不言……
总不能把诀窍告诉孩子吧？
哈哈
这是那回事吗？！
嗯！
听说日本的性教育还是比较落后呢！
啊？
不会吧？到处都是这方面的东西啊！
反倒因为想方设法不让他们接触这些东西而累得要命。

不！
日本的性教育——
恕我直言，的确相当落后。
啊？
真是这样吗！
话说，您是？
我是多年专研性教育问题的村濑幸浩。
为啥是兔子？
这样更有漫画的感觉啊。
但是
您说的落后是和欧洲的先进国家相比吧？
哪能和他们比？
什么荷兰啦……
北欧也蛮先进的！
不。

比如说在亚洲，我们的邻居中国和韩国在这方面更加积极努力。
啊！
是真的吗？！
完全看不出！
但是，全世界的成人用品中，有六成来自日本。
日本
日本因此被称为性产业发达国家！
全世界的六成！
真的吗？
?
关于性教育，日本的学校却还没有重视起来。
性教育 = 色情 × 性
是误区！
产生这样的误区，却连性教育的重要性都没有理解，这就是日本性教育的现状！

首先，大家需要重新认识一个事实，那就是性教育和色情完全是两码事！
至于哪里不同，请听我讲解。
原来家长对性教育有抵触是这个原因啊！
貌似懂了……
啊，原来如此！
那么，到底什么是性教育呢？
但是，大家却似乎只关注到了这一点。
性，只是性教育众多内容中的一部分而已。
性
性是一种通过知识和学习而慢慢形成的“文化”，
它的基础首先是“自然科学”。
性教育是关于生命、身体、健康的一门学问。

而且，性教育对孩子将来人格的培养也是必要的。
这是一种教养和智慧。
我不是很懂……
真的吗？
好难啊！
学习这个有什么好处呢？
嗯……
请老师告知浅显易懂的好处！
首先，可以预防儿童性侵犯。
性侵犯
回避＋应对
即便遭遇性侵犯，也可以用适当的方法去应对和解决。
还可以预防性侵犯呢！

其次，可以加强对自己的身体和性的肯定。
更加自信、坚强、善良
成为一个自我肯定感很强的人！
欸？
通过性教育加强自我肯定？！
是啊！
自我肯定感很强的人，对他人也足够尊重呢！
学会这一点对孩子今后人际关系的发展也将发挥积极作用。
预防性侵犯、应对性侵犯，在此基础上还能加强自我肯定感？
哦哦
不得了啊！
好想教给孩子啊！
好想知道！

专栏 1

你知道当今学校的性教育吗？

这样可以吗？关于性的教科书

日本的教科书是按照文部科学省制定的学习指导要领编写而成的。因此，教科书上的性教育内容反映了文部科学省的意见。据说日本曾有一段时间以艾滋病等问题为契机进行性教育，但是并没有对性接触或性行为进行准确的描述，令人难以了解艾滋病感染途径。此外，其中还存在一些问题，比如虽然提及由女性孕育胎儿，却没有描述受孕的过程。又如，关于生殖器的名称，舍弃旧称，改为“阴茎”“阴道”。而在日语中，“阴”等带有“负面意义”的词汇大家的使用意愿并不强。

全球的教科书，全球的性教育

人类的历史是由“性”创造的。性的关系产生了社会，也孕育了文化。在此基础上，人们通过科学的正确诠释将性知识传授给孩子们。这就是关于性的教科书。

在全球范围内，学生通过学校教育获取性知识并提高相关意识。在法国，科学和生物教科书全面介绍了性知识，学生可以学习必不可少的常识。在荷兰，生物课程详细介绍了避孕知识，并引导学生思考性关系中的责任意识以及性暴力。

近年来，联合国教科文组织、联合国儿童基金会、世界卫生组织等在性教育专家的协助下，通过编撰具有科学性、尊重人权的性教育书（指导、建议书），正在全球范围内推广全面的性教育改革。

第2节

青春期开始就晚了？ 家庭性教育的起始年龄

通常来说，性教育从初中阶段开始。
但是，从幼儿期开始是最好的。
首先——
对于青春期的孩子来说，突然就谈关于性的话题，真的……
之前完全没有铺垫！
特！
别！
难！
大家不觉得吗？
确、确实……
先不说太复杂的事情……
比如说在公共场合——
便便！
屁股！
哎……
孩子突然这样大声说这些词的时候，家长如何去应对也是家庭性教育的一部分。
这就是发生在我们身边的事情哦！

这是刚刚大家讨论的问题。
“我们家的还早呢！”
“自然而然就会知道吧？”
“这些事情学校应该会教吧？”
现在日本性教育的现状是——
在学校，老师会教月经、遗精的知识，但是不会教受孕的过程，以及性行为等方面的内容。
月经 遗精 ○
受孕过程 性行为 ✕
原来如此！
我们希望学校能教这些内容啊！
那么，大家知道孩子们是从哪里知道这些信息的吗？
嗯
应该是从朋友那里吧。
没错！
这些信息，大多数孩子都是在“朋友”或者“交往对象”那里了解的。
而这些朋友和交往对象的性知识——

可能大多来自成人影片或者成人网站。
是啊，确实是这样呢！
尤其是男生！
可是这些成人影片的制作目的是为了让男性更加兴奋，
妄想
非现实
幻想
产生一种幻想式的妄想！
所以，影片中出现了大量支配或暴力情节，这样的表现形式比较多。
对『暴力镜头』并没有管制
成人影片的目标群体是能够区分虚构与现实的成年人！
简言之，这些东西并不适合孩子。
再说，它们本来就是给成年人看的嘛！
但现实情况却是——
大多数孩子只能以此为“教科书”。
这样就会培养出“歪曲的人生观”！
把虚构当作现实！

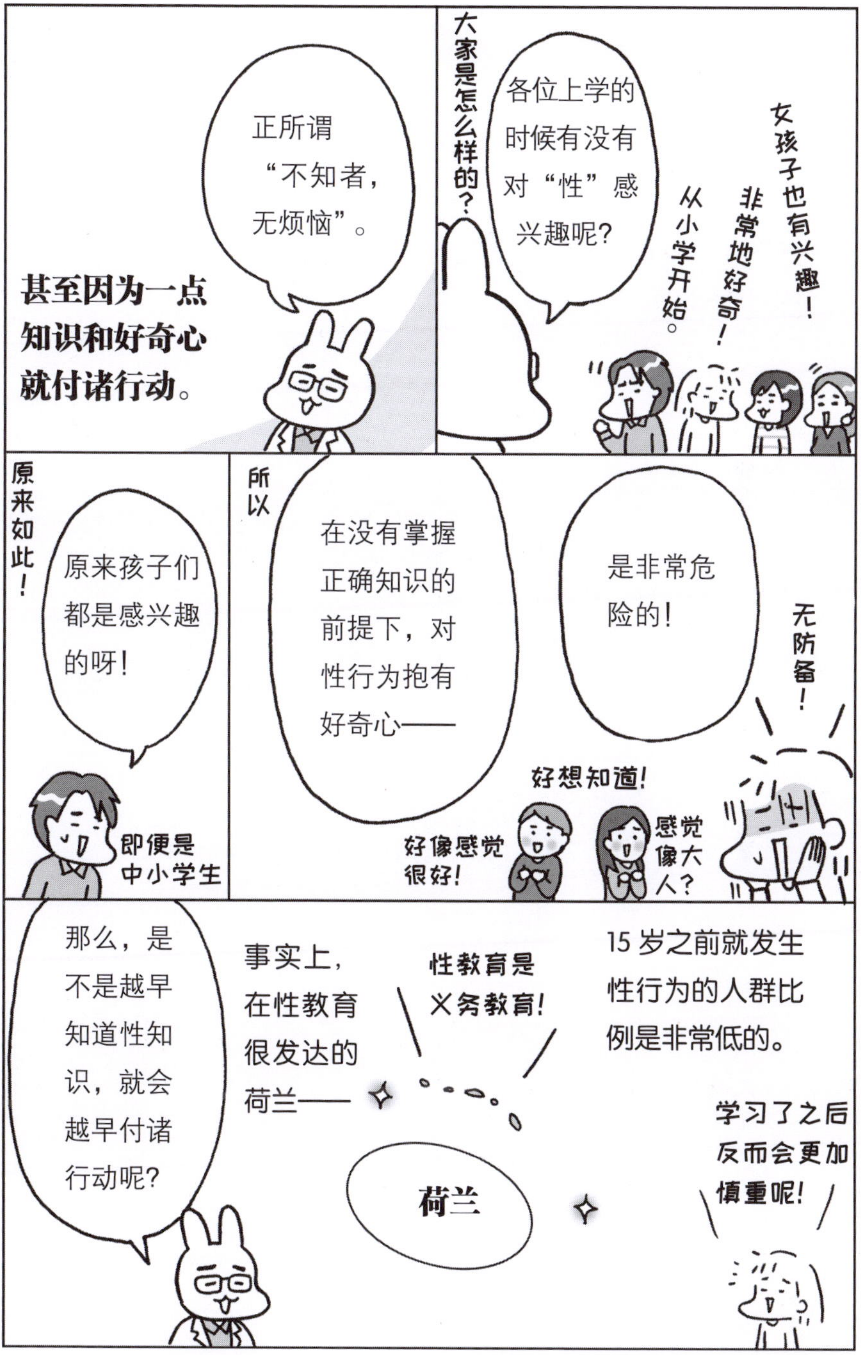
正所谓“不知者，无烦恼”。
甚至因为一点知识和好奇心就付诸行动。
大家是怎么样的？
各位上学的时候有没有对“性”感兴趣呢?
女孩子也有兴趣！
非常地好奇！
从小学开始。
原来如此！
原来孩子们都是感兴趣的呀！
即便是中小学生
所以
在没有掌握正确知识的前提下，对性行为抱有好奇心——
是非常危险的！
无防备！
好想知道！
好像感觉很好！
感觉像大人？
那么，是不是越早知道性知识，就会越早付诸行动呢?
事实上，在性教育很发达的荷兰——
性教育是义务教育！
荷兰
15 岁之前就发生性行为的人群比例是非常低的。
学习了之后反而会更加慎重呢！

正确了解包括风险在内的性知识，
孩子就可以有自己的判断和主张。
现在还早！
掌握正确的性知识，是孩子幸福生活的保障！
如果仅仅以“还是孩子”为理由进行否决——
对孩子来说还早着呢！
如果怀孕了怎么办？
或是通过威胁来压制……
我认为这些都不是“教育”。
“难为情！”
“作为父母也不是很明白。”
“不知道该教给孩子什么。”
有这些想法都是正常的！

毕竟在你们那个年代，
父母也没有很自信地教过你们啊！
没学过自然也不会教呀！
被您这么一说还真是！
呵呵
好像没有和父母正面交流的记忆。
不是挨骂，
就是被开玩笑。
上学的时候，除了记得很难为情，什么都不记得了。
没上几次课。
要么是从朋友那里听来的，要么就是通过杂志、收音机什么了解的。
不记得讲啥内容了。
的确！
不知道的东西，我们现在学起来就好！
一定！请您教教我们吧！
好想知道啊！

专栏 2

“恐惧”才是真正的障碍

能够让孩子拥有幸福人生的“性”是什么？

为了让孩子今后拥有一个幸福的人生，作为父母我们能做些什么？这是大家都在思考的问题。很多家长想通过监视的方式来束缚孩子的行动。但是对于中学生来说，整天盯着他们是绝对不可能的，所以家长大多会用言语来制止他们的行为。最常见的就是用“未婚先育”及“人工流产”，还有“感染性传染病”所引发的恐惧来威胁孩子。也就是说，家长试图让孩子强烈意识到性方面的负面影响，使其远离性行为。为此，不惜把人工流产说成是“罪”，把性传染病和“死”联系起来等，把性行为变成了一种“罪行”。这样一来，对于“性”，孩子就无法拥有那种明朗而又温柔的感觉（成为禁忌）。的确，未婚先育、人工流产、性传染病都不是什么好事情，谁都不想和这些有任何瓜葛。但是，它们都是可以避免的，目前也开发了很多方法来进行预防。在日本，人工流产在一定的条件下是合法的，作为一种“虽然令人悲伤但很有必要”的手术而被认可。* 关于性传染病，早期发现是可以治愈的。如果无法痊愈，通过服用药物也能实现和以前一样的生活。

如上所述，不管是谁，在性方面都不想发生任何意外。因此，用与恐惧、罪行、绝望、死亡相关的“威胁”未必能达到理想效果，而好好学习发生意外的原因、预防意外发生的方法、失败后的应对策略，以及与对方建立良好关系的方法却重要且实用。总之，“恐惧”才是障碍。

能够让孩子拥有幸福人生的“性”，源于好好学习事实，通过言语和对方进行良好交流。威胁性的表达是不信任孩子和厌恶性的体现。

“对性的无知、不理解会导致鲁莽的性行为。只有好好学习性知识，才会慎重发生性行为，进而通向幸福之路。”

这是长期致力于性教育的工作者做的精辟总结。

* 译者注：日本《母体保护法》第 14 条规定，孕妇只能在征得配偶同意后才能堕胎，且适用情形非常有限。

第2章

家庭性教育的

首要三件事

第3节

隐私部位？不摸别人的，也保护自己的

对孩子，
该从何讲起呢？
生命的形成？
生孩子？
男女的区别？
应该从哪里切入呢？
不知道！
大家的孩子都多大了？
大概3—10岁。
9岁和6岁
4岁
10岁和7岁
8岁和3岁
既然如此，
隐私部位在日常中还是比较容易提起的。
隐私部位？
说到底，
身体的所有部位都属于个人。
全部是我的！

在每个人的身体部位中，
有一部分被称作“隐私部位”，
它们不能随意暴露或被触摸，
不论是自己的还是别人
（包括父母在内）的。
知道是哪里吗？
大概是这里！
嗯，差不多。
有四个部位，
〈 隐私部位 〉
口
胸部
生殖器
臀部
为什么呢？因为这些都是与人的生命息息相关的部位。
和身体内部相连，与怀孕、分娩、性爱、生命相关的部分。
这些部位都是属于你自己的，所以请好好对待！
温柔地洗干净
如果有人想触摸或让你展示隐私部位——
不行！
请告诉孩子遇到这种情况要说“不”，然后赶快逃走！

孩子，尤其在小的时候，照顾他们很难做到完全不碰到啊！
父母也不行？
洗澡、上厕所擦屁股、涂药、刷牙等
另外，摸孩子屁股和他闹着玩也是很好的亲子交流啊！
是的呢！
我要摸你的小屁屁！
类似这种？
……
如果是照顾孩子或生病看护，可以另当别论。除此之外的触摸或暴露，即便闹着玩也是不合适的。
NG
亲子交流可以用其他方法！
果断
欸？真的吗！
小学低年级以下还好吧？
屁股都不行吗？
小屁屁还是想摸摸呢，对吧？
那么可爱！
亲子之间不能闹着玩吗？
又不是什么猥琐行为呀！

这个嘛，
还是需要家长们有意识地去划分界限的！
即使是家长，也不可随便摸！
随意看或触摸隐私部位，
很有可能被孩子误解为是“喜欢”的表现。
孩子的隐私部位
啊！
我女儿上小学一年级的时候——
听说有个男孩子掀了她的裙子，
哇！
啊！
这一幕恰好被老师看到。
老师当场批评了那个男孩子，还让他给我女儿道了歉！
这样是不可以的！
听到这个，我还在想：“那个男孩子是不是喜欢我女儿啊？”想想心里还暖暖的。
懂！
确实像小学男生做出的事情。
我老婆特别赞同老师的处理方式。
就算喜欢你也不能这么做！
她对女儿也这么说。
掀裙子
感谢！
嗯

是的，所以还是要麻烦家长来划好界限的。
!!
即使被掀裙子、打屁股……
!!
是因为喜欢我才会这么做吧。
因为是好朋友啊。
会因为有这些想法而选择沉默。
干吗呀！
如果有人要求触碰或暴露你的隐私部位，
这是无法拒绝的善意。
因为抱有这种想法而不能拒绝——
可能会被卷入无法挽回的犯罪之中……
相反，如果对方很不喜欢，但还是要去摸——
自认为是善意
也有可能成为加害者！
什么只是摸摸屁股，什么只是闹着玩，看来这些都不行啊！

另外，对隐私部位非本意且荒唐的入侵与攻击——
都会带来超乎想象的屈辱感和自卑感！
比如，受性霸凌而自杀的人不在少数。
所以，受伤害程度可想而知。
这是一种犯罪，以“开玩笑”为理由绝对行不通！
嗯，深有体会！
我十几岁的时候，在满员的电车里遭遇了好几次咸猪手。
时至今日，还是很害怕乘满员电车。
浑身发抖
直冒冷汗
砰！砰！砰！
电车里的咸猪手，终于被作为犯罪开始严惩了。
回过头想想，这在以前根本没被当回事，太难以置信了。

关于隐私部位，
要在日常生活
中反复强调。
这是非常重要的地方，自己要轻轻地好好地洗哦！
为了不伤害隐私部位，
小内裤和内衣要好好穿哦！
光着身子跑很危险！
妈妈的喳喳（乳房）是隐私部位吗？
可以摸摸吗？
妈妈不喜欢这样呢！
喳喳！
但屁屁是隐私部位，不能随便给人家看呢！
虽然可以晃屁屁……
屁屁
屁屁
裙子和裤子里面都是非常重要的地方。
不管是谁都不可以掀，不可以看！
必须要给孩子教隐私部位了。
为了防范性侵犯也好，作为礼节也好。
是呢！

专栏 3

容易被忽略的性霸凌
——致能够察觉并理解的家长们

虽是游戏形式，但危害性却极强的霸凌

有些人认为掀裙子、扒裤子、装医生、打屁股等行为从前就有，甚至还有人觉得很有趣。事实上，这些行为都是“性霸凌”，属于性暴力的一种。为了防止孩子成为受害者或加害者，家长们要时刻警惕，而且必须告诉孩子这种行为侵害了人权，会给对方造成严重的心灵创伤。

即使孩子说“只是开玩笑”“×× 还在笑呢”等等，家长们应该告知孩子：性与性器官也是人权本身，必须引起高度重视。用游戏的方式攻击对方、说些瞧不起人的话，做出这些行为应该深感耻辱，这是恃强凌弱。因为孩子还处于很难认识到严重性的年龄，所以需要家长们严肃认真地讲给孩子听。

面对不情愿又说不出口的孩子，家长们可以说“很难为情是吗”“不喜欢就要说出来”“可以逃跑”等等。

第4节

学会“不”“跑”“说”，远离性侵犯

上学路上——
这是我大女儿还在小学低年级时候的事情了。
一个不认识的男人紧紧跟在她后面……
紧紧贴着
嗯？
换了条路也还是跟了过来。
……
好在我女儿大声哭了出来。
哇哇哇
救命啊！
附近好几个路人都跑了过来，孩子才逃过此劫。
大家打了110，警察查了监控，也加强了巡逻。
没事吧？
我好怕！
自那以后——
孩子一旦不在我身边，我就特别担心她遇到坏人。
我想尽我所能教她一些相关知识，让孩子能自己辨别状况，逃离危险。

是的
教孩子保护自己的方法时，要注意它们不只对隐私部位有用，其他部位同样适用。
令人讨厌的感觉
·恐惧 ·不安
·疼痛 ·生气
·懊悔
如果遇到以上几种情况——
［不］
①果断拒绝
表达拒绝
讨厌！不行！
住手！救命！
［跑］
②逃跑
尽可能逃到人多的地方
［说］
③即使被告知“这是秘密”，也应该告诉值得信赖的人
这是我们的秘密，如果告诉别人，后果严重哦。
那个人说这是秘密。
这三点请大家反复强调！
不！跑！说！

的确，“不”“跑”“说”应该在日常中反复强调。
很好记呀
关于“不”，
• 让人不舒服的事
• 不想做的事
以上两类也属于“不喜欢”的范畴。
不舒服的事情？
大家小时候，有没有不喜欢但又不好意思开口说“不”的经历呢？
比如说？
啊！
有！
小时候经常和妈妈去一家肉店，那家店的老奶奶——
肉店
经常送我们东西。
来！
炸丸子！免费送哦。
哇，谢谢！
真是招人喜欢！
不喜欢她亲我……
mua
可是妈妈和老奶奶都笑呵呵的。
虽然不喜欢……

小学的时候，有一次因为一件不愉快的事情很沮丧。
唉！本以为跳箱能过5段呢。
想起来了！
我也有类似经历！
啊
现在一吃炸丸子就会想起这件事……
这个时候说“讨厌”肯定不合适。
欸
大家都很喜欢老师，而且他又是在担心我……
如果我表现出反感，肯定会让老师伤心吧。
鸡皮疙瘩掉一地
不知为什么，就是特别不喜欢他把手放在我背上。
嗖
这时老师走了过来。
怎么了，没事吧？
砰
于是，就装作什么事都没有一样。
嗯嗯，心情好多了！
是啊，不过这种情况还是要说出“不喜欢”的。
而且，成年人也要学会尊重孩子的“不喜欢”。

这、这样啊……
那些不舒服的感受原来也可以被尊重呀。
是的！
要告诉孩子，这是人的基本权利。
不过这样的事情，感觉成年人也很难说“不”，好像很矫情似的。
会不会变得很尴尬？
是呢！
如果总是会不经意地去察言观色，压抑自己内心负面情绪的表达——
那么自我保护的感应器就会失效！
嗯？很危险？
不知道啊！
原来敢于表达自己的不快可以远离犯罪啊！
确实如此！
把“不”表达出来，然后被他人所接受与理解，在这样的反复过程中——
就会成为懂得尊重自己和他人的人！
我们也要和孩子们一起改变呢。
珍视自己的切身感受，
也珍视和自己不同意见的人。
这和任性不一样！

专栏 4

保护孩子免遭性侵害——不要犹豫，立刻报警！

不仅是父母，社会也应给予关注

正如报道中经常说的那样，对孩子进行性侵害、性虐待的人往往不是“不认识的人”“奇怪的人”，而可能是“认识的人”“见过的人”“看起来比较亲切的人”居多。所以诸如“不要跟着不认识的人走”这样的叮嘱明显已经不符合现实情况了。当然，也并不是所有的熟人都是坏人或者可疑的人。“总在公园里遇到的那个人给了我好吃的”“一个坐在车里的人和我说他有好玩的玩具”等，这样不经意就容易让孩子上当的事情，平日里就要教孩子如何应对。家长可以教一些简单的策略，比如大声叫喊、快速逃离、给大人打电话、骗说警察来了等。请家长结合孩子的年龄和性格，选择合适的对话和行动。家长和周边的大人如果觉得有不对劲的地方，或者发现有人以某种方式接近孩子的话，请马上报警。

想看吗？
我有它的限定版哦！
欸？

嫌疑人往往对孩子感兴趣的话题或东西很了解，所以家长们平时要多多留心，关注孩子的兴趣和想要什么东西等。

给你好吃的。
你好！
在公园经常看到的叔叔

有的嫌疑人能够在孩子感到孤独的时候让孩子敞开心扉。所以不仅要注意周围的环境，还要注意孩子的表情和状态。

第5节

如何建立无话不谈的亲子关系？

去年，我女儿被同学嘲笑个头大。
好大的个头，天啊！
但这件事情——
不是她本人告诉我的，而是我从其他家长那里得知的。
我听我们家孩子说的。
啊？
从今以后，如果发生了什么事情，能不能告诉妈妈呢？
这件事情还是让我蛮受打击的！
懂！
怎么做才能让孩子和我们无话不谈呢？好想知道啊！
甚至是性方面的话题。
啊！
这个嘛，
首先要让孩子感受到父母的爱，这是建立无话不谈的亲子关系的重要前提。
欸？
“爱”吗？
不小心说成了“欸”

我女儿小的时候，我参加育儿咨询时也常常被问这个话题。
是不是“缺少爱”呢?
所以一提到“爱”我就怕。
另外，所谓的“表达自己的爱”，到底该怎么表达呢?有没有什么具体的方法?
经常被别人这么说。
嗯
父母将爱传递给孩子时，
触摸孩子的身体
肢体接触
像对待珍宝一样去抚摸、拥抱
倾听孩子讲话
倾 听
不要打断孩子认真听孩子讲话
这两点非常重要。
欸?
这样就算传递吗?
这两点我都做了啊!
那就应该不是“缺爱”的问题了。
……

当然，这个时候不能触摸隐私部位，如果孩子不喜欢也不要有肢体接触。
有些孩子是不喜欢被人碰的。
让孩子获得安全感是最重要的！
唉。
在我身边就足够了！
肢体接触的效果是——
据证实，和自己信赖的人有肢体接触后，双方体内都会分泌“催产素”。
催产素
一种能够让人获得安全感并增强信任感的激素。
母
子
分泌催产素
分泌催产素
安全感
从小开始就能得到父母的抚摸和耐心倾听的孩子，
会有很强的自我存在感！
我是有存在的价值的！
这样的孩子也会对自己非常肯定。

但是……男孩也可以这么黏着家长吗？
家里老人说这样“会培养出娇气又软弱的孩子”。
以“男孩子不能这样黏着妈妈哦”为由，总是试图阻止与孩子有肢体接触。
抱抱
你是男孩子！
其实，肢体接触可以让人更加有亲和力。
所以男孩子也是很需要肢体接触的！
将来孩子可能在育儿上也会更积极！
一定！
太好了，我可以放心抱儿子了！
听了这一席话我也松了口气。
话说……
我家女儿不愿意和我们讲话的时期，
哇！啊！
刚好是老二最恼人的时候，我们全部精力都放在了老二身上。

妈妈。
哇！
啊，怎么了
抱歉！回头再说好吗？
现在正乱套呢！
嗯。
家里经常有这种情况，所以很少有能和老大正面交流的机会。
可能就是这个原因！
这是没办法的事情。
二胎家庭，人手又不够，力不从心也是难免的。
……
各位各位，所谓感受到爱，恰恰是受到“特别待遇”的时候才能感受到的。
特别待遇？
比如说，用摸头来夸奖孩子，如果大家得到的奖励都一样，
两个人都好乖！
那么孩子是得不到满足的。
还不够。
如果只有自己被摸摸头、得到夸奖，
只有我是不一样的！
那么他就能充分地感受到父母的爱！
满足！

我好像懂了！这一点大人也是一样的。
所以，与孩子相处的时间越少——
越要给孩子一点特别待遇的时间，哪怕时间短一点！
现在是和我家老大一起哦！
但是，对待孩子们不能偏心吧？
其他孩子会嫉妒的！
那是当然！所以要在别的孩子看不见的地方给予特别待遇。
特别待遇
悄悄地
特别待遇
悄悄地
特别待遇
悄悄地
平等地
啊！
我有一个朋友，她家有三个孩子。她就会创造和每一个孩子独处的时间，称为“约会”。
其他孩子和爸爸留在家里。
你想吃什么呀？
我们去哪儿啊？
这也是一种特别待遇！
确实如此！

进入青春期之后就要把重点放在“倾听”，而非肢体接触上了。
但是，只有青春期前才能这样。
STOP
肢体接触
倾听
幼儿期
学龄期
青春期
青春期开始的重要标志是遗精、变声、月经。
这边请！
当身体的“机能”开始变化，正是把自己的孩子当作大人来对待的重要时期。
这个时期可能说来就来呀！
不能发生肢体接触了吗？
老师！
关于“倾听”，
有没有什么具体的方法呢？
这次我一定要好好听！

不要打断孩子讲话，去接受和理解他们的想法，
并且，先要点头表示理解和赞同。
万万不可一开始就否决！
在青春期中，如果孩子想要征求父母意见，父母应该尽可能顺着孩子。
总之，忍耐！
反面例子
啊，不想写作业！
说什么呢！（打断）怎么能不做作业呢？（否定）
快点抓紧时间做吧
只顾表达自己的想法和要求，只是家长满足
而孩子会感觉被攻击
长此以往，孩子会越来越不愿意和家长开口。
正面例子
啊，不想写作业！
是吗，（接受）为什么不想写呢？
嗯
作业太多了。
就算是大人也写不完。（赞同）
是啊。
这么多！
这才是“倾听”的态度！

我一直以为所谓的性教育是很特别的事情，
原来就像这样在日常生活中就能进行啊！
印象完全变了！
而且内容也和育儿息息相关呢！
预防性侵犯、人权问题、自我肯定，还有爱的表达方式！
这些问题的确应该从小时候就教起……
对吧？
家庭性教育
◎交流关于隐私部位的话题
◎告诉孩子日常表达“不”“跑”“说”
◎青春期前重视“肢体接触”，进入青春期后重视“倾听”
尤其是肢体接触
在家里只要做好这几点就会有很大的改变啦。
试试看！

专栏 5

培养孩子的安全感和信任感：幸福激素“催产素”

让孩子认识到自我价值

孩子长大成人后，也会认识到自我价值。能否成长为对自己喜欢的人、工作伙伴、朋友等所有人而言都重要的人，与儿时能否获得安全感和认识自我价值息息相关。这种安全感，据说是通过和信赖的人接触后分泌的一种叫作“催产素”的激素产生的。安全感不光通过父母的拥抱、倾听产生，也可以通过睡觉时抱着自己喜欢的毛巾、毛绒玩具等来获得。因此请家长不要认为孩子娇气而没收这些他们心爱的东西或剥夺与孩子相处的时间，最好能让孩子在这段时期内分泌尽可能多的催产素。

家长们要充分利用能够肢体接触的时间，培养孩子待人和善的优秀品质。因此，如果成长环境中缺乏和亲人之间的接触，那么孩子有可能会因为孤独而不知不觉被性所诱惑。而所谓的性，对于男孩和女孩来说都有着同样深刻的意义。

这些东西从大人的角度来看，可能难以理解，但对孩子来说却是宝贝。所以需要清洗或修理时，务必和孩子商量，征得本人同意。

第3章

学习身心相关的健康知识

男孩篇

家长也一起学哦！

上 篇

第6节

性教育需要注意什么？(男女通用)

前段时间本来想给女儿讲讲“大姨妈”的事情，但真是不知道怎么说才好。
自己明明也是女儿身，却不知怎么讲！
同性之间都这样，更不要说男孩子的身体了。
孩子问的问题也答不上来……
关于小鸡鸡的清洗方法，很令人困惑啊。还有遗精，我也不知怎么讲。不过，这种问题，交给孩子爸爸就好了吧？
即便是孩子爸爸，也不知道怎么解释吧？
好多妈妈都不大清楚男孩子的身体构造呢！
于是问了一下我老公。
拿出勇气！
嗯
什么都不用教，没关系的！
顺其自然，水到渠成啦！
他这么讲我心里能不慌吗？！
真是的！
我就说他们会这样想啦。
他们自己也没学过！

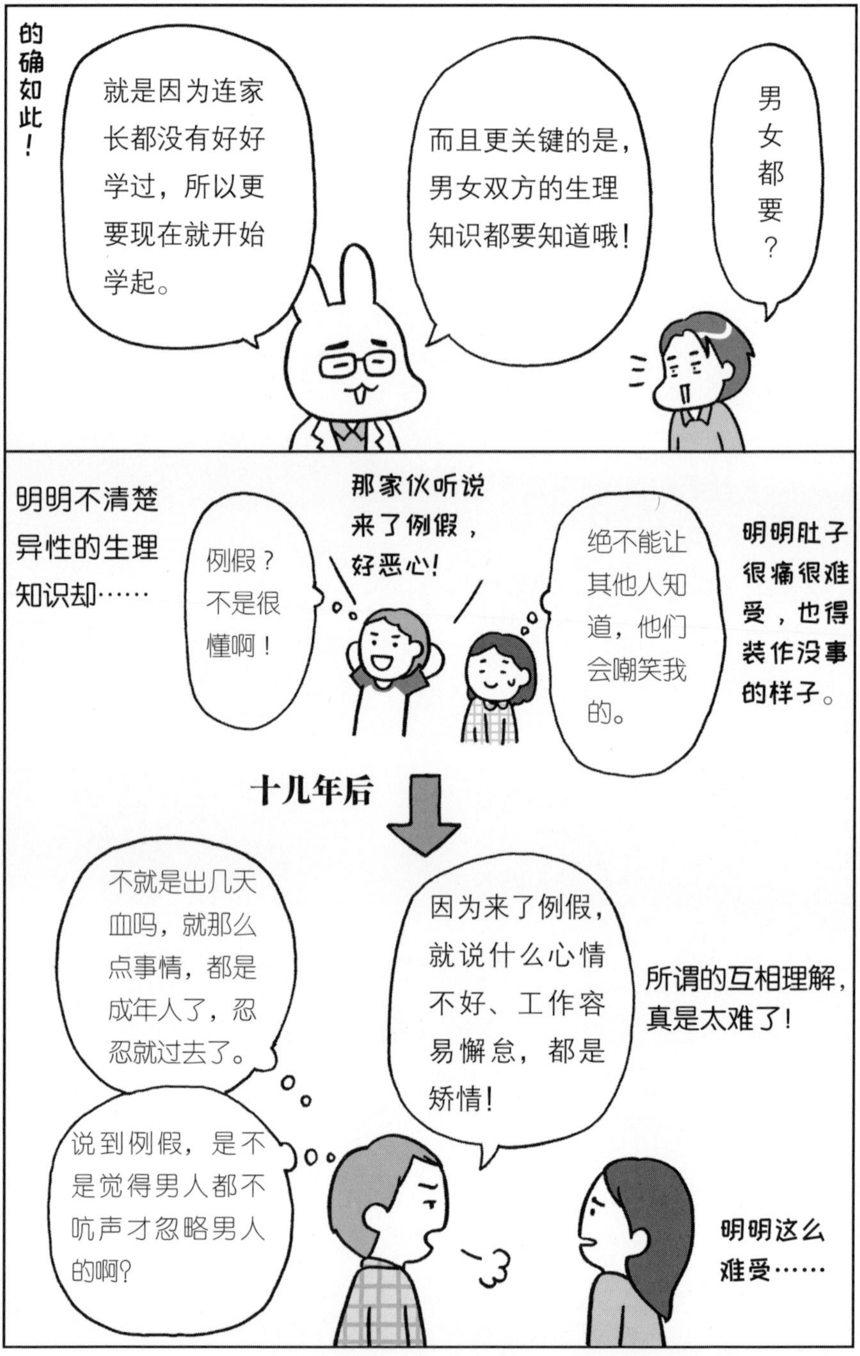
的确如此！
就是因为连家长都没有好好学过，所以更要现在就开始学起。
而且更关键的是，男女双方的生理知识都要知道哦！
男女都要？
明明不清楚异性的生理知识却……
例假？不是很懂啊！
那家伙听说来了例假，好恶心！
绝不能让其他人知道，他们会嘲笑我的。
明明肚子很痛很难受，也得装作没事的样子。
十几年后
不就是出几天血吗，就那么点事情，都是成年人了，忍忍就过去了。
因为来了例假，就说什么心情不好、工作容易懈怠，都是矫情！
所谓的互相理解，真是太难了！
说到例假，是不是觉得男人都不吭声才忽略男人的啊？
明明这么难受……

顺便说一下！

把学来的知识教授给孩子时，有几点需要注意。

开展性教育的注意事项

① 说事情需要淡定从容

很正常，就是这么一回事。
淡定

② 不要附带上自己的价值观

是不是很美妙啊！
所以，一定要好好地珍视它！

③ 最好在孩子表现出兴趣时去解答

家长需要在孩子很小的时候就做好相关准备。

来吧！什么时候问妈妈都可以！

④ 如果是低年级兄妹或姐弟，只要两人还没到互相讨厌的阶段，就可以同时进行性教育

相互了解身体构造很重要哦！

⑤ 如果是高年级的孩子，需要由同性长辈进行性教育

比如表兄表姐，或者叔叔阿姨等。

也可以由年长的同性替代！

至于为什么一定要同性长辈，我们之后再讲。

或者也可以让孩子自己读些适合他们的相关读物。

12岁
儿童身心
成长手册

详见 P55、P77

第三点提到在孩子表现出兴趣的时候趁机教育，说起来我们家儿子以前就问过……
曾有过这么一件事——
为什么妈妈不站着小便呢？
啊
呃……这让我如何回答是好呢？
呃……这是为什么呢?
妈妈也不知道？
就这样蒙混过关了……我是不是错过良机了呀?
如果一时找不到答案，不知怎么回答——
这样也未尝不可!
是很好的问题呢！让妈妈查一查资料。
可以这样说！
哦哦！
当然，不要忘记和孩子的约定，回头一定要好好查一查呢！
怎么说才能让孩子明白呢？

如果孩子问了这样的问题，千万别否定他！
妈妈哪里知道！
忙着呢！别烦我！
也不要取笑他！
怎么会问这样的问题呢？羞不羞啊。
可能到了敏感年纪吧？
哇
心里一慌，还真容易这么说呢……
为了掩饰那种尴尬。
为了回答孩子的问题，首先，我需要从书本上学习。其次，也是更重要的，要练习怎么表达。
啊？
还要练习表达？我从来没试过呢！
正因为这样，真正要解答孩子的疑问时，我才没能好好地表达出来。
大家也可以试试夫妻或朋友之间相互练习。
和老公或者朋友？！
老师，这个有点难度吧？
我是自主练习派！
我和老公练习！

学习身心相关的健康知识 男孩篇

第7节

男孩的“身体”与“心理”

男孩子……大概从 3 岁左右开始吧?
总喜欢胡乱唱一些关于小鸡鸡的歌曲。
虽然觉得挺可爱的，但真不知作何反应才好……
小鸡鸡~
小鸡鸡
哈哈
懂!
我家也这样!
在外面也这么唱真是要命啊!
这个嘛
这是开始对自己的身体产生好奇了。
家长要利用好这个时机，从小就告诉孩子那是非常重要的地方。
小鸡鸡
小鸡鸡
告诉孩子的大好时机!
面对迟早都要到来的青春期，我们首先要从男孩的身体与心理变化开始学习。
迟早会到那里
青春期
屁屁

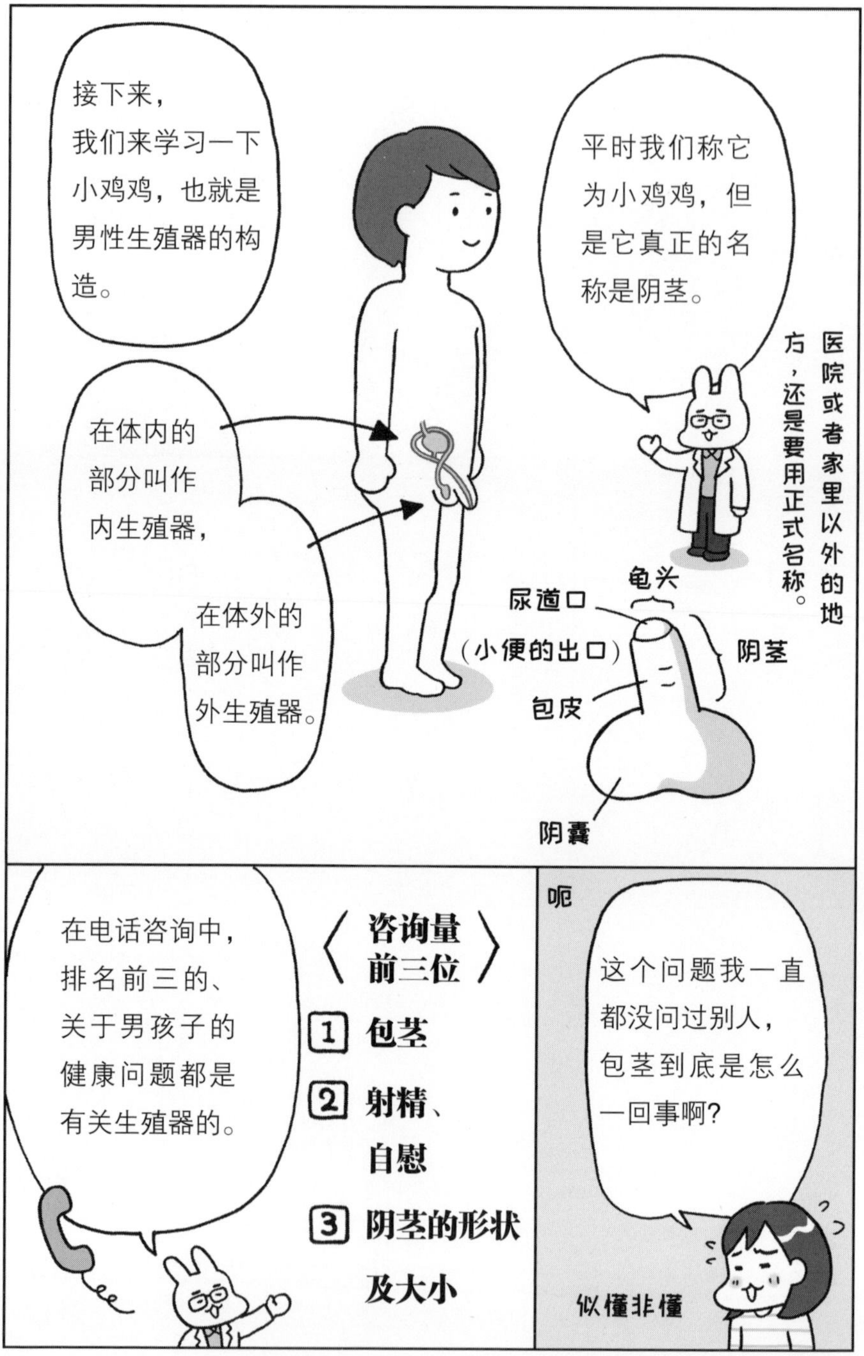

接下来，我们来学习一下小鸡鸡，也就是男性生殖器的构造。
平时我们称它为小鸡鸡，但是它真正的名称是阴茎。
医院或者家里以外的地方，还是要用正式名称。
在体内的部分叫作内生殖器，
在体外的部分叫作外生殖器。
龟头
尿道口
（小便的出口）
阴茎
包皮
阴囊
在电话咨询中，排名前三的、关于男孩子的健康问题都是有关生殖器的。
〈咨询量前三位〉
1 包茎
2 射精、自慰
3 阴茎的形状及大小
呃
这个问题我一直都没问过别人，包茎到底是怎么一回事啊？
似懂非懂

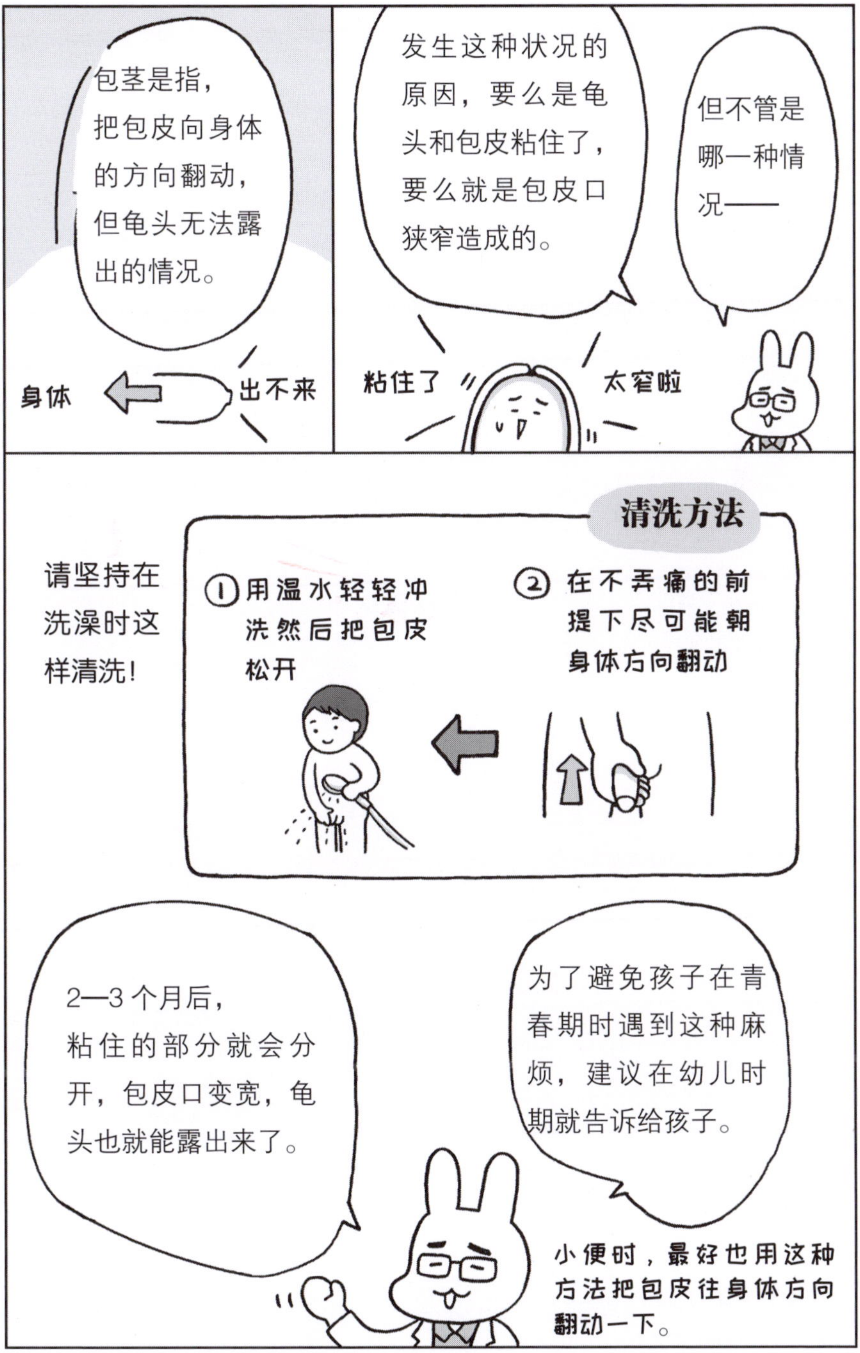

包茎是指，把包皮向身体的方向翻动，但龟头无法露出的情况。
身体
出不来
发生这种状况的原因，要么是龟头和包皮粘住了，要么就是包皮口狭窄造成的。
但不管是哪一种情况——
粘住了
太窄啦
请坚持在洗澡时这样清洗！
清洗方法
①用温水轻轻冲洗然后把包皮松开
②在不弄痛的前提下尽可能朝身体方向翻动
2—3个月后，粘住的部分就会分开，包皮口变宽，龟头也就能露出来了。
为了避免孩子在青春期时遇到这种麻烦，建议在幼儿时期就告诉给孩子。
小便时，最好也用这种方法把包皮往身体方向翻动一下。

学习身心相关的健康知识 男孩篇

先翻一下再洗或者再小便，以前还真的不知道呢！
以前只洗表面……
是的！
因为阴茎的前端很容易沾上尿液。
阴茎和包皮之间很容易进入脏东西，有时会因此引发炎症，所以为了健康也要学会自己清洗。
男孩子小便完之后也不用纸擦……
练习自己清洗要从2—3岁开始，由此——
自己的身体
要自己来保护！
培养这种意识！
啊？2—3岁！
那么早就要开始吗？
我家的已经5岁了……
那就现在开始吧！
也可以由爸爸帮助孩子清洗，但如果是由妈妈来洗的话，1—2次为宜，不要超过2次。
男孩子的话……

可以利用这个机会告诉孩子——
每个男生的小鸡鸡的大小和样子都是不一样的。
而且，不管大小、样子如何，都要夸奖孩子。
但都是很完美的小鸡鸡。
可以说“很酷”“很漂亮”等。
这可以为孩子能够喜欢上自己的身体打下坚实的基础。
我懂
这个时候不要给孩子灌输“大才好”的概念。
不可以说“好大”“好小啊”等！
即便是成年人，阴茎勃起时只要有4—5厘米，就属于正常的范围。
是的，排泄、射精、性交，都不会成问题。
4—5厘米？！
说实话，我一直认为，男人，就该什么都“大”……
这、这样啊。
身高也好，小鸡鸡也好。
抱歉！

如果孩子仍比较在意，
泌尿科
学校的保健医生
儿童电话咨询
儿童电话热线等
可以告诉他通过这些渠道进行咨询。
给孩子推荐正规的咨询渠道是家长的使命之一！
如果家长也有不明白的地方，可以咨询经常就诊的医生。
一开始可能不习惯，可能会有些难为情。
是的呢！
我们家的也是经常说小鸡鸡、蛋蛋好痒之类的……
好痒好痒
都红了……
可不行啊，怎么能抓呢？
什么情况？
糜烂？
“妈妈你怎么可能知道！你肯定判断不准的”这种情况比较多。
先在网上查一下吧
小鸡鸡发红……
的确会有患病的可能！
所以不放心的话，千万不要擅自判断，应该及时咨询专业人员。

专栏 6

这是一种疾病？与生殖器相关的焦虑和疑问

泌尿外科、皮肤科、儿科……到底咨询哪里好呢？

包茎手术到底该做，还是不该做？这样的问题困扰着很多男孩家长。除此之外，被生殖器的大小和形状等各种各样的问题困扰的男孩也很多。

对于大人来讲，这也许无足轻重，但对孩子本人来讲这是非常严肃的事情。即便没有疼痛和发痒症状，只要本人有就医的意愿，家长就要及时带孩子去医院。阴茎相关的问题，可以到泌尿外科就诊。虽然也可以看皮肤科和儿科，但医生很有可能还是会建议到泌尿科检查。通过去医院看医生多少会缓解一些因症状带来的烦恼。另外，让孩子本人自己描述病情对其成长也是帮助极大的。如果孩子难以开口，可以让孩子先做个笔记。总之，请家长们尽全力陪伴好孩子，帮助他们减少就诊时的精神负担。

专栏 7

如何缓解心理负担？面对父母和朋友说不出口的话

咨询窗口随时欢迎你

即使是小孩子，遇到关于朋友、前途、父母等问题，也有无法调整心情、得不到答案或者想向某人倾诉的时候。这种烦恼无处不在！虽然大多数时候没到去医院的程度，但是在生理和精神上还是有很多烦恼和不安。这时孩子往往不会去依赖父母，也许是不想让父母担心，也可能是想独自面对。总之不管怎样，对这种心情家长应给予充分理解。有时正因为对方是不认识的人，所以孩子才能毫无顾忌地去倾诉。因此，家长需要事先知道一些能够提供免费咨询的窗口。

无论孩子跟对方说了什么或从对方那里听到了什么，家长都要鼓励和支持孩子，比如"你做得很棒""以后不管什么时候都可以来聊天"等，以此来表达对倾诉人和被烦恼困扰的人的尊重。

第 8 节

什么是“遗精”？

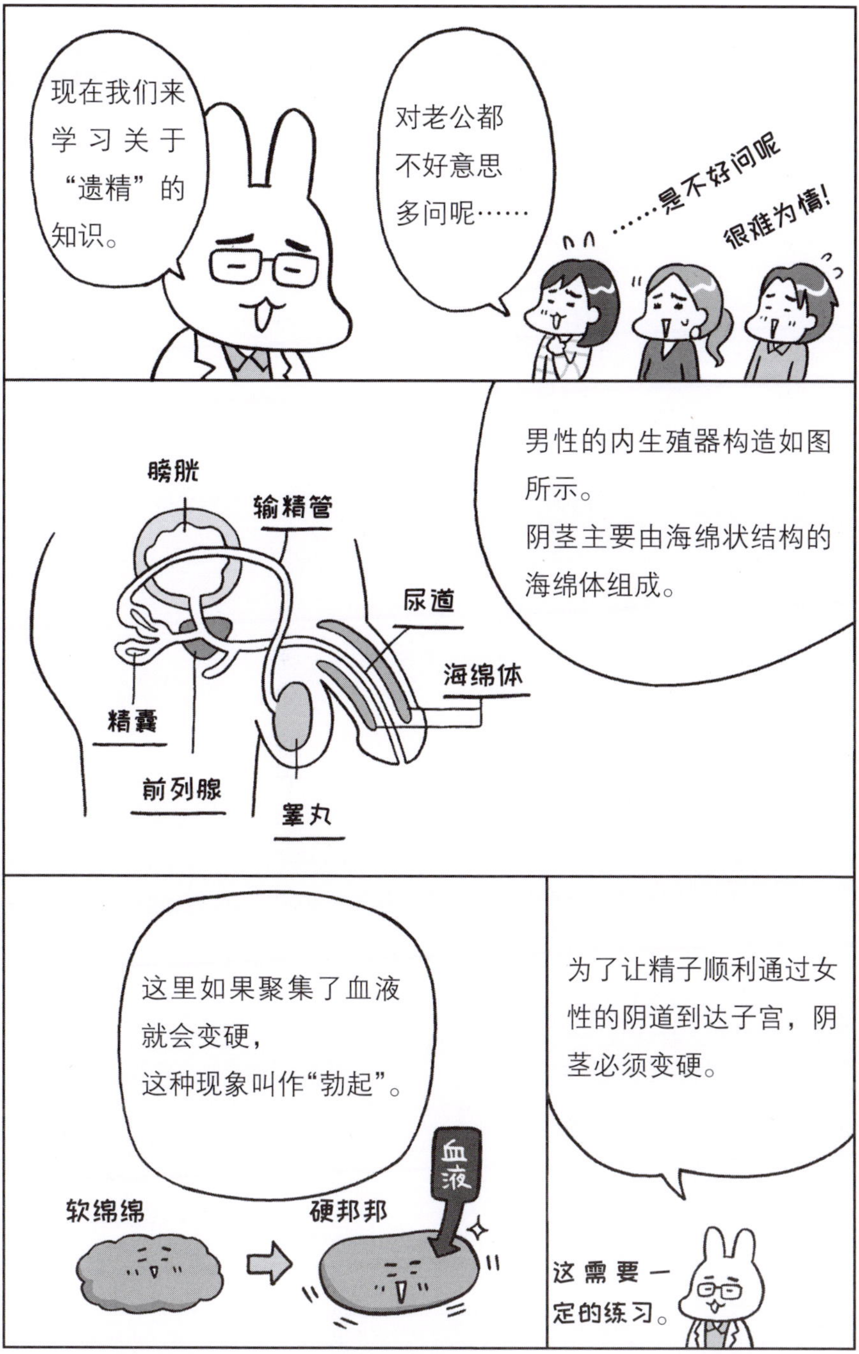
现在我们来学习关于“遗精”的知识。
对老公都不好意思多问呢……
……是不好问呢
很难为情！
男性的内生殖器构造如图所示。
阴茎主要由海绵状结构的海绵体组成。
膀胱
输精管
尿道
海绵体
精囊
前列腺
睾丸
这里如果聚集了血液就会变硬，
这种现象叫作“勃起”。
软绵绵
硬邦邦
血液
为了让精子顺利通过女性的阴道到达子宫，阴茎必须变硬。
这需要一定的练习。

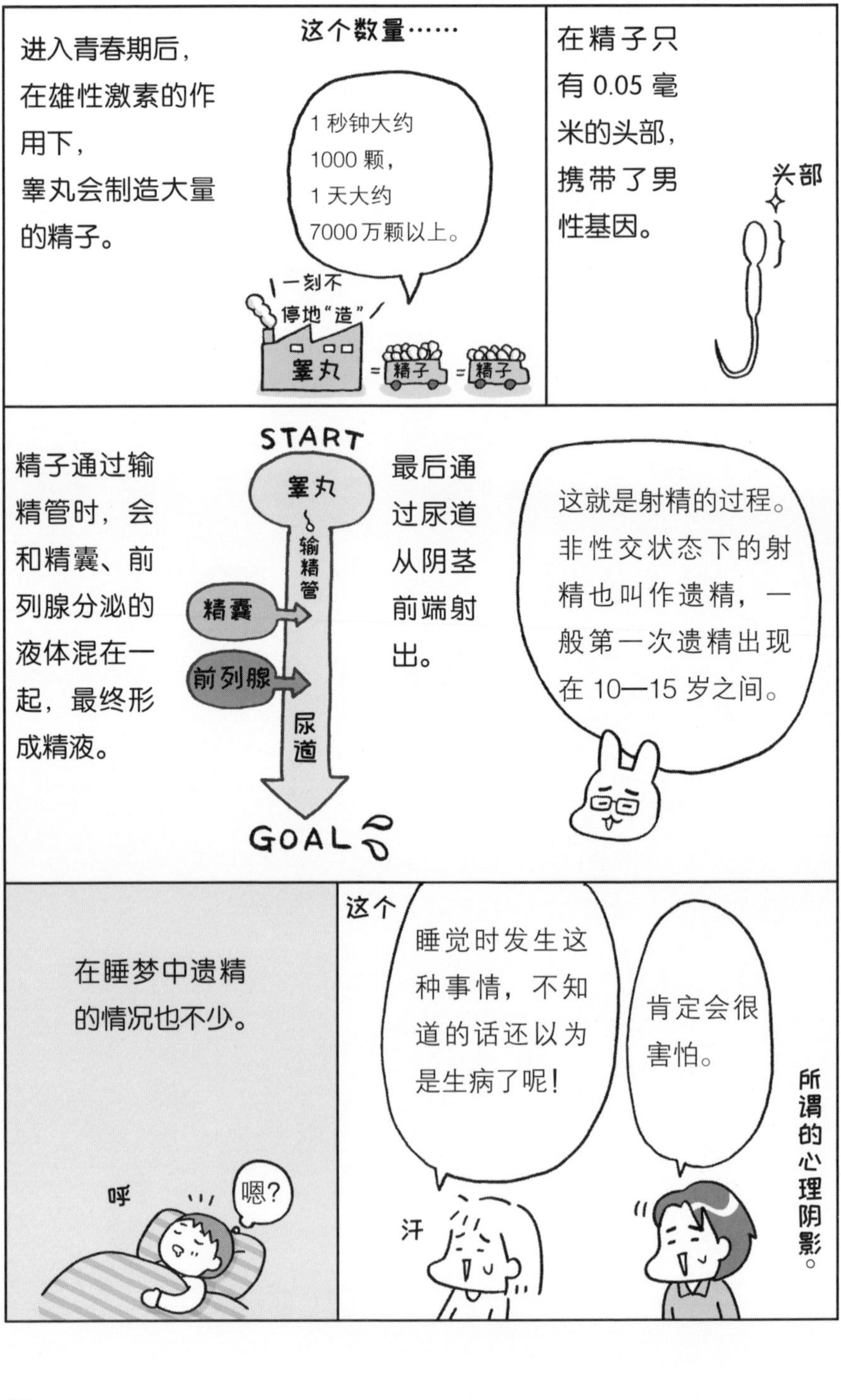
进入青春期后，在雄性激素的作用下，睾丸会制造大量的精子。
这个数量……
1 秒钟大约1000 颗，1 天大约7000 万颗以上。
一刻不停地“造”
睾丸
精子
精子
在精子只有 0.05 毫米的头部，携带了男性基因。
头部
精子通过输精管时，会和精囊、前列腺分泌的液体混在一起，最终形成精液。
START
睾丸
输精管
精囊
前列腺
尿道
GOAL
最后通过尿道从阴茎前端射出。
这就是射精的过程。非性交状态下的射精也叫作遗精，一般第一次遗精出现在 10—15 岁之间。
在睡梦中遗精的情况也不少。
呼
嗯?
这个
睡觉时发生这种事情，不知道的话还以为是生病了呢！
汗
肯定会很害怕。
所谓的心理阴影。

看来关于遗精的事情还是要提早告诉孩子呢。
是让妈妈来说，还是让爸爸来说比较好呢？
是否要交给孩子爸爸呢？
孩子小的时候由妈妈来说倒是也可以的，但是快到青春期的时候还是爸爸比较好。
哦哦
顺便说一句，打算和孩子讲的时候，可以这样来描述——
只要有一定的储备知识，
问题都会顺利解决！
和孩子讲的时候
男孩子大概到了10—15岁左右，小鸡鸡在变硬的时候会流出一些白色的黏液。
我们把这种现象叫作“遗精”，这种液体叫作“精液”。
它是在“蛋蛋”里做出来的，里面有你未来的宝宝——精子，精液虽然会从鸡鸡口出来，但不会和小便混在一起。
一开始能够这样描述就没问题啦！

事实上，有些男孩子会觉得精液脏，会感到恶心。
脏
有些成年人也是这么认为的。
大多数人都是因为没有相关知识，经历遗精而遭受心理创伤所导致。
这是什么呀？
!?
事实上我也是……当时还以为是化脓了呢，吓个半死。
有时也会觉得自己的身体和生殖器好恶心。
尽管如此，却没法控制自己，非常厌恶这样的自己。
我也会……觉得有点恶心。
即使是陌生人的身体！
果然！
这是一个非常严肃的问题！
如果无法对自己的身体给予肯定，可能一生都会因此活在阴影中，未来对性和女性的看法也可能出现扭曲。
脏
我的身体好恶心……

扭曲？
怎么个扭曲法？
比如
我不会把她也弄脏吧？
对性行为持消极态度
女人嘛，就是要被糟蹋的。
或者变得歧视女性
妈妈，好喜欢你哦！
现在
啊！那也太讨厌了！
尤其是后者！
我们家儿子如果变成那样，我是绝对不能接受的！
妈妈对我很重要！
现在
为了避免这种情况，
我们可以这么做——
我们想知道！
只要在遗精前有一定的相关知识，就会避免自我否定的情况。觉得精液很脏的原因，主要有三点：
3

原因 1
白色，且呈黏稠状
精液颜色偏白，是因为精液里面含有白色的物质。
白色
抗菌物质
果糖
酶
这，什么呀？
一点也不脏嘛……
呈黏稠状是为了保护精子，方便把精子护送到阴道深处。
这些物质原来都是有来头的！
护送
原因 2
从尿道口排出
射精时，
膀胱口是关闭的。
所以即便是出口相同，
精液并不会和尿液混在一起。
膀胱
紧闭
输精管
原因 3
产生快感
因为有快感而产生愧疚感，
究其原因，可能是认为生殖器以及性是不干净的、肮脏的意识所导致。
视为肮脏！
反复听到这样的表述就会对这种看法信以为真。

摸屁屁会脏啊！赶快去洗手！
啊，摸小鸡鸡小手脏脏哦！
我们好像在不经意间也常说类似的话呢！
反而应该这样说——“因为是很重要的地方，所以要用干干净净的小手哦”！
认为肮脏的想法真是有百害而无一利啊！
说话绝不可以“不经意”！
心理上接受这种生殖器官所带来的快感，
能够直接增强孩子对自身的肯定！
舒服！
好事！
我认为在这个充满困难的世间生活，遗精带来的快感是上天赐予我们的——
奖赏！
我小的时候如果也有人对我这么讲的话，也许就不会有这种罪恶感了。

第 9 节

发现“遗精”后该怎么办?

然后就是接下来的事情了!
如果家长发现孩子遗精了，该怎么处理呢?
哇
总感觉哪里说得不对会有不好的影响呢……
无法淡定
是啊!
啊!要是被老妈发现的话……想想都……
打怵
拜托!什么都不要问，就当什么都不知道!
没错!
这是一个非常敏感的话题，
对于男孩子来说——
需要家长花点心思考虑孩子的感受。
当家长发现时，
遗精了是吗?
不可以笑
像这样，只问事实，然后——
啊，这是好事呀!
干脆地
满不在乎的样子
如果内裤沾上了精液，就稍微洗一下再放进洗衣机里哦!
就这些!
处理的时候要淡定从容。

这个时候，使用“干净”“了不起”“好脏”“脏了”等带有评判意味的词语以及开玩笑的表达——
NG
是绝对不可以的！
的确，对于本人来讲明明是无法逃避的事情，却被认为是“可耻的”“肮脏的”。
肯定会非常难过！
另外，即使被当成是好事情来讲，也不大舒服。
其实精液和生殖器，本来就不是什么脏东西嘛！
啊，对哦！
真的一不小心就容易说出“脏了的内裤”！
脏了的 X
因为是带有评判意味的词汇，所以要谨慎使用。
我们可以参照“带汗渍的衬衫”，表达为“带精液的内裤”会更好一些。

啊
虽然没有恶意，但一不经意就脱口而出"脏了的内裤"。
因为已经说顺口了，所以现在开始要多多练习改过来呢。
不过我……真的很难说出"精液"这两个字，可以说"湿了的内裤"吗？
或者"沾了东西的内裤"？
有的孩子甚至还会把内裤藏起来！
如果把应对方式提前告诉孩子，那么不管大人还是孩子都会比较安心。
怎么办？
关于"遗精"，由孩子的父亲来传达，也许孩子抵触情绪会少一些。
我也这么认为！
如果爸爸能把当年自己那个时候的心情分享给孩子听的话，效果会更好。
关于"遗精"，爸爸当时也不怎么懂，真是急坏了！
的确会怕呢！
原来如此！

我至今都觉得这是难为情的事情，尽可能不去提它才比较好。
现在我终于明白，作为他的同性家长，担负起告知孩子这些事情的责任才是真的对他好。
等时机到了，我一定要给我儿子讲讲。
今年6岁，再过几年吧！
好帅！
呱唧
呱唧
对了，发生“遗精”时，激素分泌也会发生变化哦。
下丘脑会促进释放性激素（雄激素）
大脑
大概这个位置
对自主神经系统产生影响
因此——
内在心理和外在表现会产生失衡
情绪和身体状况都不稳定
↓
早上起不来、不守时等
远远守护
保持距离
心情烦躁
容易疲劳
自卑
比较在意别人
就是这样的一个时期，家长需要和孩子保持一定的距离，不要有太多的干涉。
提前知道这些，到时候就不会慌乱了！

第 10 节

什么时候不能一起洗澡了？（男女通用）

差不多该和女儿分开洗澡了吧。
话说，前几天我老婆……
突然和我说——
我们女儿才小学三年级啊，她妈妈是不是担心过早了？
她把我当成什么人了！
欸、欸？
……
静悄悄
他们聊得可开心了！
我们家也是爸爸和女儿一起洗。
我其实蛮在意的，到底可以一起洗到什么时候呢？
但又不知怎么开口……
除非孩子自己说“不想一起洗了”，否则也没关系吧？
又不是强制一起洗的！
不管对我，还是对我女儿来讲，一起洗澡是非常宝贵的周末亲子时间。
爸爸，我们学校里……
嗯嗯，非常理解！
但是，现在也差不多可以开始准备了。
心理准备

当身体开始发生变化，
出现遗精、月经，长出体毛，开始变声，胸部渐渐隆起等现象
就该与父母或异性姐妹兄弟分开洗澡和睡觉了。
洗浴
卧室
欸？
如果是本人想要一起呢？
是的，那也要拒绝。至于为什么——
果断！
一旦身体发生变化，
就会容易出现不把她当成孩子而是当成异性来看待的情况。
!
震惊
这个不是个人的人格问题，而是人作为生物的内在本能。
欸
真的吗？
但是……

我认识的一个妈妈说——
最近我家大女儿身体开始发育了。
还是小学生？！
我们一起洗澡的时候，
看到她变成了成熟女人的身体，不禁一颤。
嗯嗯，非常理解！
虽然知道她还是个孩子，
但还是一时不知所措……
如果换成爸爸，或者兄弟……想想就……
连同性都这么想哦！
天啊！
如果孩子感受到了家长的异样的目光——
自然是不舒服的。
虽然没有其他的意思，
已经是大人的身体了。
这只是生物的内在本能反应……
爸爸好恶心！
但亲子关系会有被破坏的危险。
好烦恼！

所以在孩子发育之前，
孩子差不多也快到发育的年龄了，还是不要一起洗澡了吧！
家长很有必要和孩子保持一定的界限！
真不知怎么和老公开口。
我有点受伤……
搞不好他会伤心！
比如
老公！
女儿也差不多开始发育了！
估计过不了多久也要来例假了。
是吗？
还早吧？
可是，女儿很喜欢和爸爸一起洗澡呢！
可能孩子也没意识到，我们当父母的先和孩子开口吧。
我估计孩子是不会先说的！
你和孩子说一下吧？就说一起洗澡的日子到此结束。
嗯。
虽然失落……
这样交流是不是比较容易接受呢？

另外，
孩子到了青春期也是一样的。
异性的长辈
和同龄人，
也会被视
为——
异性。
所以会发现，
孩子会和我们保持一定的距离，
这都是正常的！
抱抱
难为情，
不要！
如果这个时候还在一起睡觉或者洗澡的话，
真是……
不舒服……
孩子会
不知所措！
这会让孩子很焦躁，
无法释放这种“不舒服”。
烦
烦
可是我们家房间不够呀。
得搬家了！
如果住房有困难——
欸？
我们家也是！
用帘子隔开房间，
不要用一条被子。
只要能尊重孩子的隐私，保证有个人空间就可以了。
可以上下铺！

专栏 8

伴随各种不适长大成人，情绪不稳定的青春期

激素失调，容易出现各种症状

孩子到了青春期，身心会出现各种各样的不适。这是青春期大脑和神经系统逐步发育成熟，在身体各部分剧烈变化成长的过程中，激素的分泌失衡导致的结果。另外，随着生殖机能和生理机能的成熟，还会出现自律神经系统失调症（失眠、疲倦、头痛、腹痛等）、青春期性贫血、起立性调节障碍（站着头晕、恶心、早上难受等）、青春期抑郁（对什么都厌烦、失眠、食欲不振等）等症状。

在这个不稳定时期，一定不要慌张，只要得到充分休息，激素的分泌会逐步平稳，身体也会逐渐好转。家长们请不要不分青红皂白认为孩子偷懒或没干劲而去责怪他们，这样只会让孩子离你的距离越来越远。你可以告诉孩子，非常不舒服的时候不要硬撑，可以向学校请假。观察一段时间后，如果还是没有什么改善的话可以向正规渠道咨询。以上建议和措施不仅针对女孩，男孩也是一样的。

青春期症状的表现多种多样，比如每天说身体不舒服、早上起不来等。家长对孩子不要过度照顾或放任，要注意孩子的状态和食欲等变化。

ワクチン

第3章

学习身心相关的健康知识

女孩篇

家长也一起学哦！

下 篇

第 11 节

女孩的“身体”与“心理”

借着这个机会，我就说了吧！
其实……
其实，我家女儿已经来“大姨妈”了……
就在上个月！
欸?!
天啊！
不是才小学二年级？！
这么早！
是有这么早发育的孩子！
这还是会尿裤子的年龄呢！
孩子可能都分不清楚月经和小便呢！
?
我家女儿看到血之后也吓坏了呢！
怎么办！我尿血了！
欸？
虽然慌里慌张地大概说了一下什么是月经，但因为太突然，有些我也解释不清楚。
为什么会出血？我是要死了吗？
不！

* 如果担心孩子初潮过早，请尽早询问医生。

我也是！
如果现在突然让我解释什么是月经，真不知怎么说。
却稀里糊涂……
明明发生在自己身上！
而且一说到月经……
可能还会牵扯到其他问题，比如“怀孕”“生孩子”“孩子从哪里来”……
这些都还没讲呢……
这个好难啊！
还得用小孩子能听得懂的方式……
说是送子鸟送来的，这样糊弄一下？
石头堆里蹦出来？垃圾堆里捡来的？
不不，
撒谎可不大好！
了解身体和生命的形成是非常重要的！
父母在万般无奈下说的谎，有些孩子甚至到了初中还信以为真呢！
孩子是从“嘴”里生出来的吧！
不是啦！是从“屁股”里！
你被骗啦！
那么——
快点告诉我们该怎么和孩子讲吧！

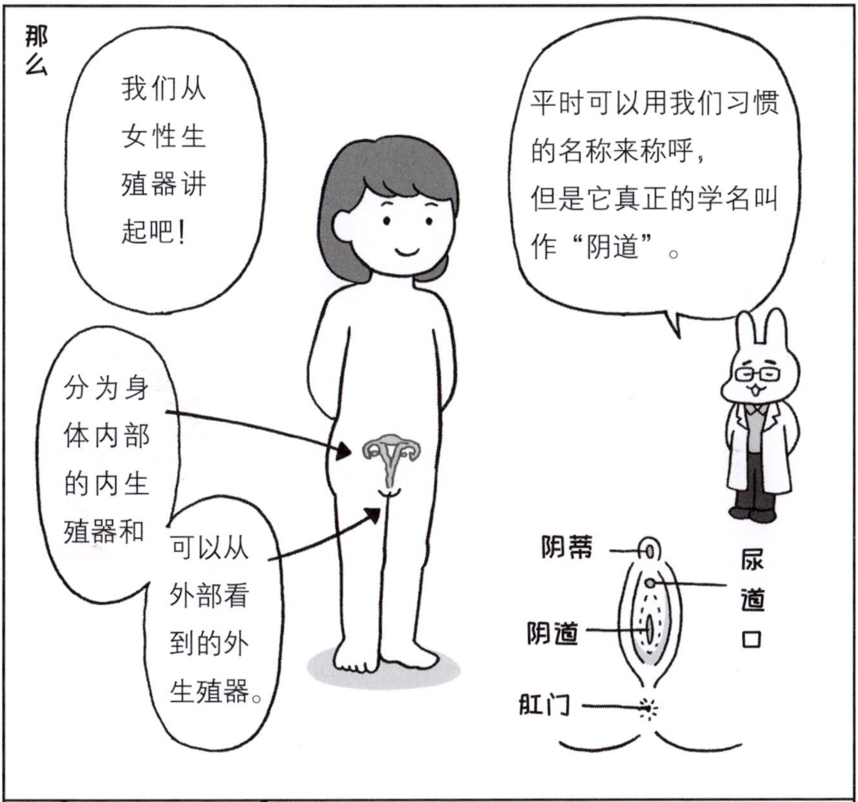
那么
我们从女性生殖器讲起吧！
平时可以用我们习惯的名称来称呼，但是它真正的学名叫作“阴道”。
分为身体内部的内生殖器和
可以从外部看到的外生殖器。
阴蒂
尿道口
阴道
肛门

有些女孩会模仿男孩子的样子站着小便，这个时候可以这样和孩子讲——
男孩子的尿道就在小鸡鸡里面，所以可以手把着站着尿尿；
但是女孩子的是在身体里面，看不到的，所以只能坐着尿尿了。
我家女儿以前就是这样！

学习身心相关的健康知识 女孩篇

因为女孩子的尿道口离阴道比较近，所以要告诉孩子，小便完要从前向后擦拭。
从前向后！
为了健康，这点很重要！
这一点，大人也要注意。否则会引起膀胱炎等疾病。
好疼
这也是从小养成的不良习惯导致的呢！
另外，还要教会孩子洗澡时好好清洗下身的方法。
好好清洗
◎外生殖器褶皱处
◎尿道口
◎肛门周围
大概从2—3岁就要开始了。
这也是给孩子讲解外生殖器的好时机！
在女孩子的两腿之间，有3个出口哦！从前往后依次是小便的出口（尿道）、小宝宝的出口（阴道）、臭臭的出口（肛门）。
这些是只有自己才可以看、可以摸的地方哦！
它们都非常重要，所以一定要好好地小心地清洗呢！
就可以这样跟孩子讲。

呃
关于阴蒂，最好也能把名字告诉孩子。
这个……还是有些抵触的！
毕竟是自己能看见的地方！
怎么说呢？总感觉过于露骨了。
说起来还真是难为情……我一直以为阴蒂是小便的出口呢……
直到30岁左右！
呃
再说那个形状就像是什么的出口嘛！
啊？！
哈哈
肯定还有人和我想的一样！
还要练习表达？我从来没试过呢！
可能正因为如此，要解答孩子的疑问时才没能好好地表达。
阴蒂由海绵体组成，这一点与男性的阴茎相同。
和阴茎一样，温柔的抚摸也能让人产生快感！
说到底，在胎儿形成初期，生殖器是不分性别的。
男性的尿道穿过海绵体，女性的尿道与海绵体相邻。
噢
初期生殖器

专栏 9

去哪里咨询，儿科、妇科，还是妇产科？

虽然同为女性，但不同的体质有不同的表现

月经是女性身体的正常表现，也是开始对性有意识的标志。同时，女性也会感受到月经而引起的身体方面的各种状况，比如疼痛、不适等。关于这些身体变化，女性之间存在一定的个体差异，各自的表现形式和感受也各不相同。比如说到自己的孩子，说什么“因为我是这样的，所以女儿……”，这样单从自己的经验出发来一概而论是不妥的。

如有以下情况，请务必咨询医生。

◎痛经痛到蹲着才能有所缓解

◎经期卧床不起

◎量过多、周期过长

◎经期前后性格和行动上都有较大变化

挂什么科室都无所谓，关键是要去看医生

一说到去看医生，大家都比较发愁挂什么科。我建议到陪护人经常去的医院比较好。比如经常去的儿科医院，或者是陪护人生孩子的医院都可以。如果陪护人感到不安，那么孩子也自然会感到不安。如果孩子比较抵触去妇科或产科就诊的话，可以试着和孩子说“妈妈正好也该检查了，顺便再问问你的事情吧！”“是妈妈非常熟悉的医院，一起去看看吧？”等。慢慢地，孩子就能自己一个人去医院就诊了。

第 12 节

关于“怀孕”与“月经”

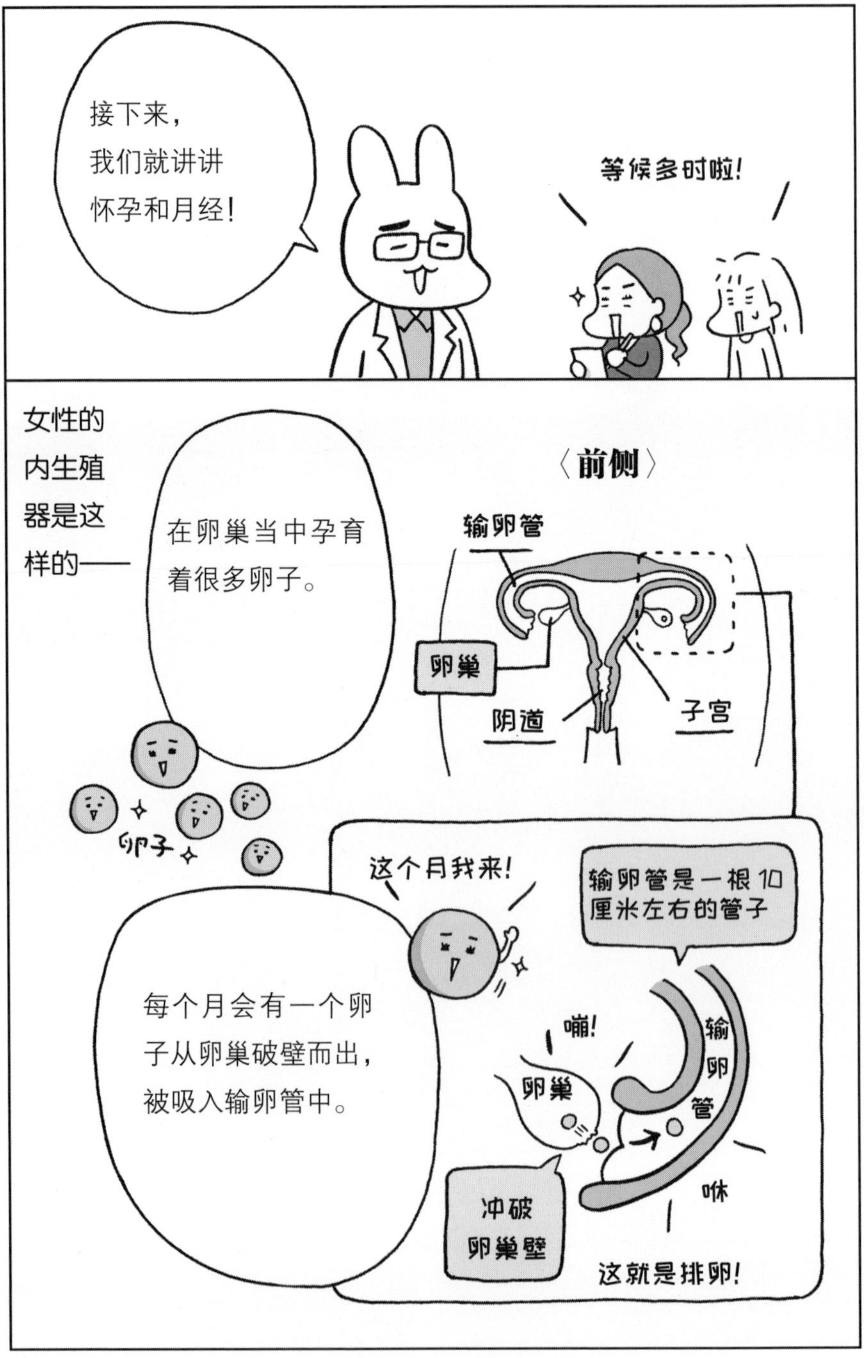

接下来，
我们就讲讲
怀孕和月经！
等候多时啦！
女性的
内生殖
器是这
样的——
在卵巢当中孕育
着很多卵子。
卵子
〈前侧〉
输卵管
卵巢
阴道
子宫
这个月我来！
输卵管是一根10
厘米左右的管子
每个月会有一个卵
子从卵巢破壁而出，
被吸入输卵管中。
嘣！
卵巢
输卵管
咻
冲破
卵巢壁
这就是排卵！

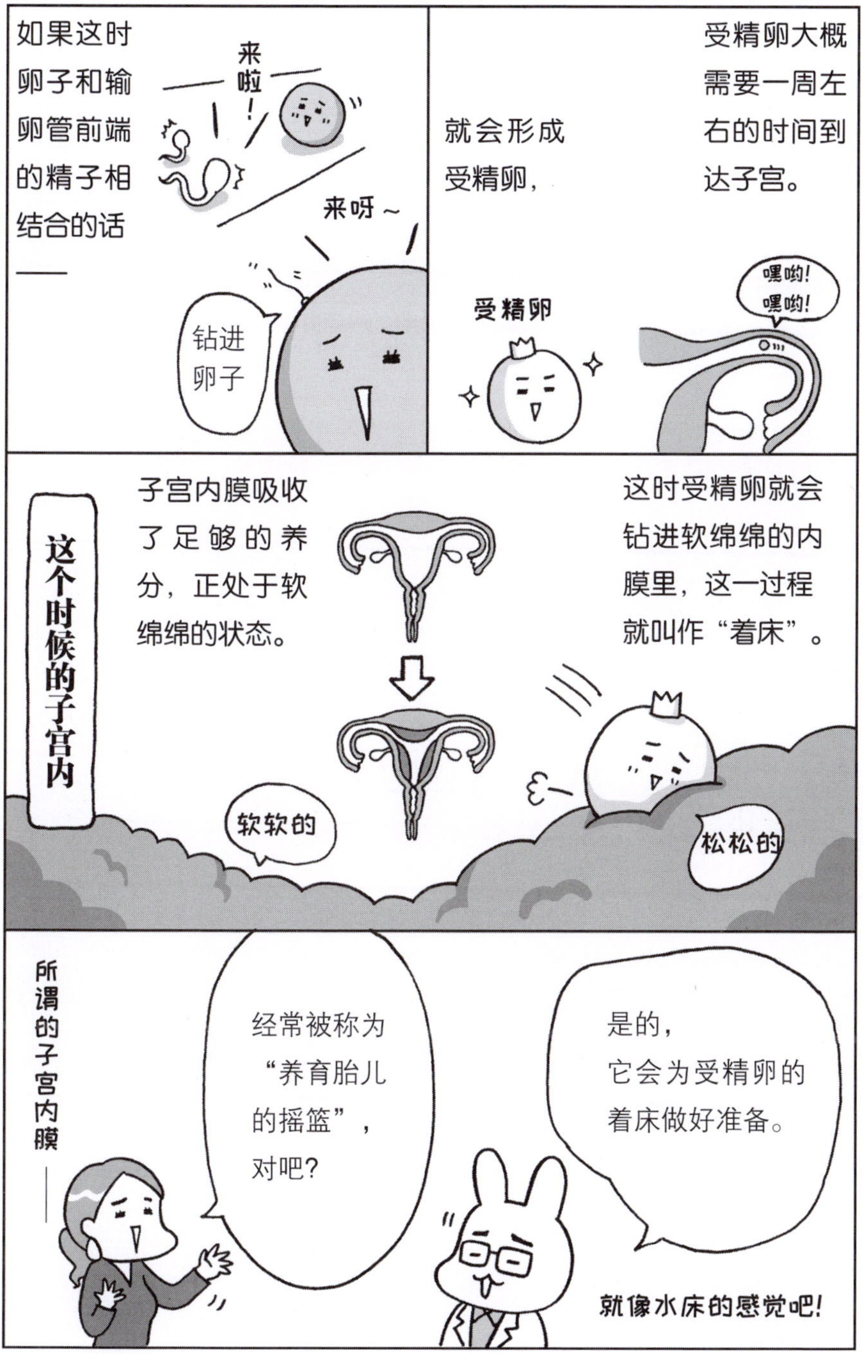
如果这时卵子和输卵管前端的精子相结合的话——
来啦！
来呀～
钻进卵子
就会形成受精卵，
受精卵大概需要一周左右的时间到达子宫。
受精卵
嘿哟！嘿哟！
这个时候的子宫内
子宫内膜吸收了足够的养分，正处于软绵绵的状态。
这时受精卵就会钻进软绵绵的内膜里，这一过程就叫作“着床”。
软软的
松松的
所谓的子宫内膜——
经常被称为“养育胎儿的摇篮”，对吧？
是的，它会为受精卵的着床做好准备。
就像水床的感觉吧！

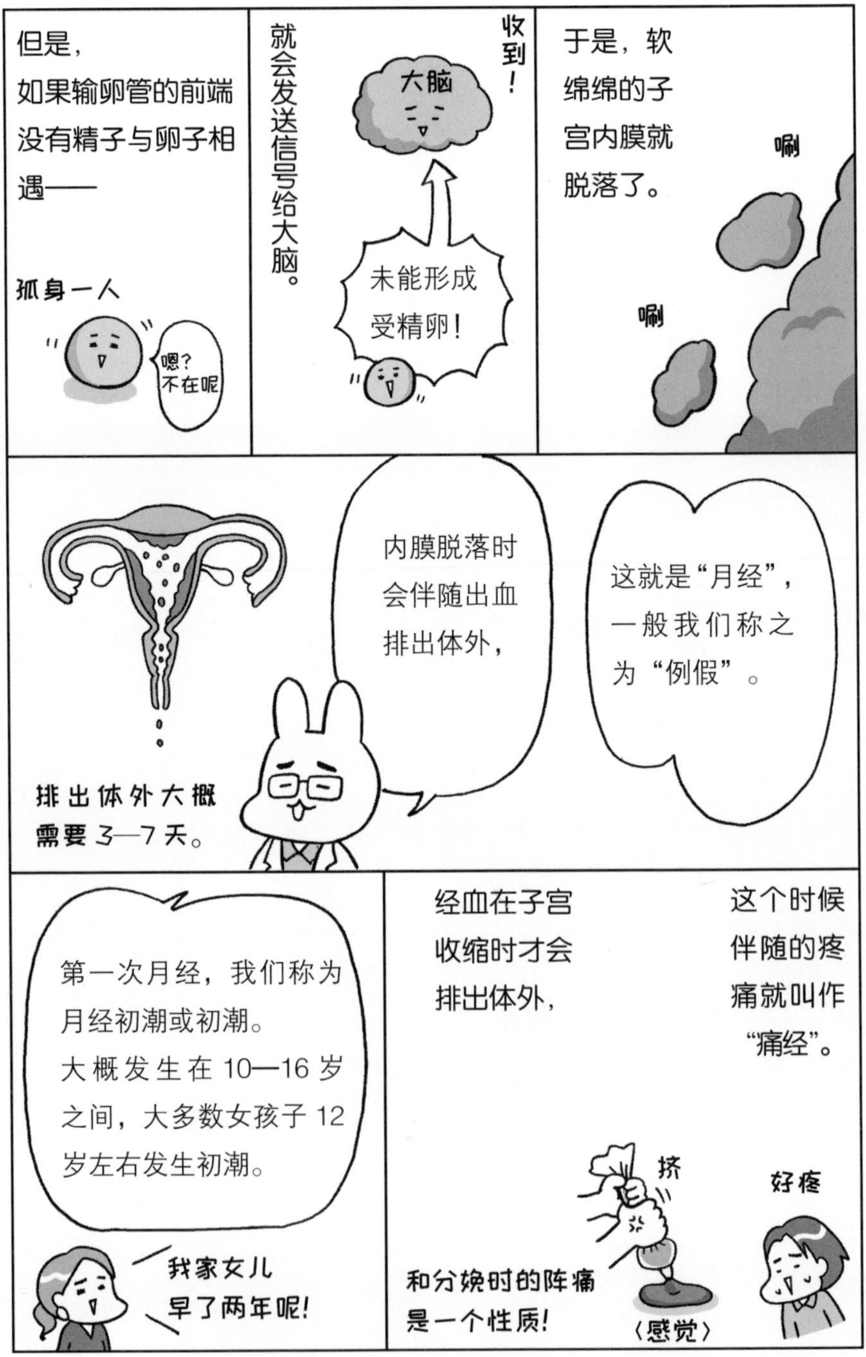
但是，
如果输卵管的前端
没有精子与卵子相
遇——
孤身一人
嗯？
不在呢
就会发送信号给大脑。
收到！
大脑
未能形成
受精卵！
于是，软
绵绵的子
宫内膜就
脱落了。
唰
唰
排出体外大概
需要3—7天。
内膜脱落时
会伴随出血
排出体外，
这就是“月经”，
一般我们称之
为“例假”。
第一次月经，我们称为
月经初潮或初潮。
大概发生在10—16岁
之间，大多数女孩子12
岁左右发生初潮。
我家女儿
早了两年呢！
经血在子宫
收缩时才会
排出体外，
这个时候
伴随的疼
痛就叫作
“痛经”。
挤
好疼
和分娩时的阵痛
是一个性质！
〈感觉〉

痛经的程度因人而异。
收缩时不够顺利，或者子宫口过窄，都会导致剧烈的疼痛。
出不去呀！
太窄
因此有的人经历过生产后，因为子宫得到扩张而出现痛经缓解的情况。
我就是！
关于月经，可以和孩子这么讲——
讲给孩子的话
女孩子的肚子里有一个专门培育宝宝的房间，我们叫它子宫。
身体成长到能生宝宝的时候，为了迎接宝宝的到来，子宫内每个月都会准备一张软绵绵的婴儿床。
不需要那个婴儿床的时候，床就会从子宫壁上脱落排出体外，这就是月经！
脱落时会有血一起出来，不要怕，这些都是正常的。

话说……我第一次来例假的时候正好赶上周末。
我妈和我讲了很多，倒是挺好的，但是……
从头到尾都被我爸听到了，当时我真是难受坏了。
呃！
懂！
我爸好像也挺别扭的！
那么女儿第一次来月经的时候我该怎么办呢?作为父亲不知道该做什么。
如果父亲撞上女儿初潮，可以这样做——
悄悄地离开
嗖……
我去下便利店。
欸？
会不会说我没责任心什么的呀?
这个嘛，最重要的还是从孩子的角度考虑。
大多数女孩子并不想让爸爸知道来月经的事情。
就像男孩子，也不喜欢让妈妈知道遗精的事情。
这是同一个道理。

即便父亲是第一个察觉到的，
啊
去和孩子说下
尽量让妈妈去说。
如果妈妈不在家
爸爸简单应对一下。
详细情况问妈妈哈。
那如果是妈妈不在的情况呢？
即便如此，也最好不要直接由爸爸来说。
比如单亲？
可以让她自己看看相关的书籍，也可以拜托学校的保健医生或者女性的亲戚朋友。
女孩生理手册
阿姨来和你讲哦！
的确
如果能这样的话，对女儿来说真是再好不过了！
毕竟这种事情不想让爸爸参与。
这个……夫妻两个人事先还是要好好商量的啊？
你不在的话……
怎么用卫生巾，我来教她！
是的
什么都不说悄然离开，与在夫妻共识的基础上离开，完全是两码事。
夫妻的默契感
拜托哦！
OK！
爸爸去书店！

专栏 10

月经的形成，了解女性身体机制的绝佳机会

月经前的征兆是，分泌物增多，呈褐色或带有血色。
不要单纯认为内裤脏了，而要留心后期的变化。

月经前，容易出现身体状况不稳定的情况。比如头痛、腰痛、浮肿、皮肤干燥等。另外还有情绪低落、心情烦躁等症状。事先了解一下会更放心。

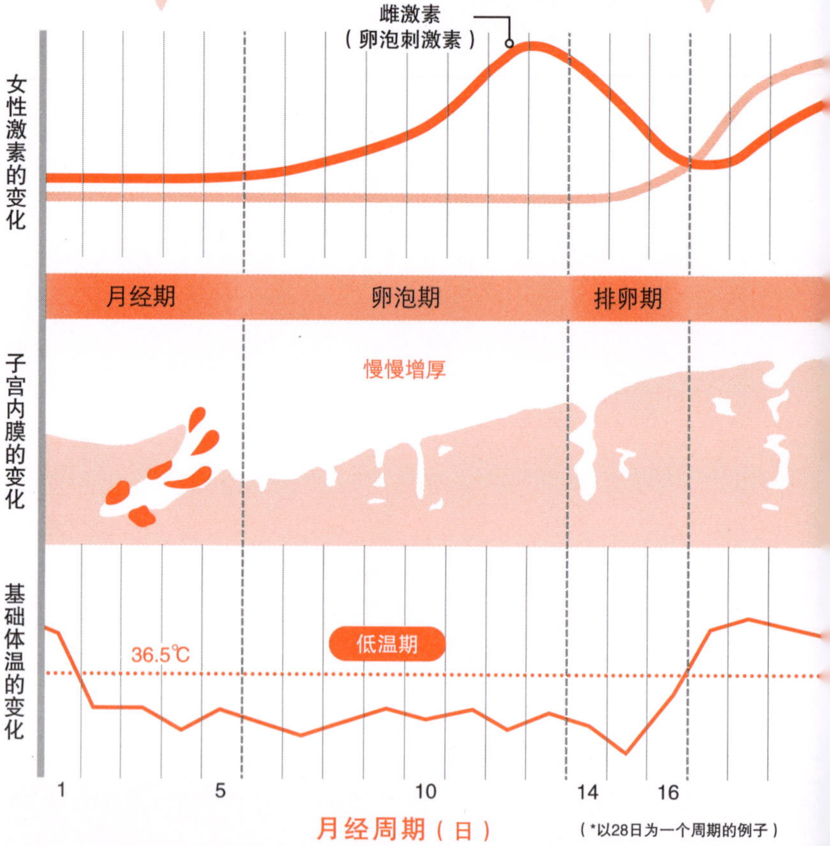

雌激素（卵泡刺激素）
女性激素的变化
月经期
卵泡期
排卵期
子宫内膜的变化
慢慢增厚
基础体温的变化
36.5℃
低温期
1
5
10
14
16
月经周期（日）

（*以28日为一个周期的例子）

女性身体到了青春期，就会来月经。每个月由一侧卵巢产生一个卵子，成熟后排出卵巢，为了与精子相遇结合而被送入子宫内。子宫内膜壁为了让受精卵着床会自主变厚，但如果未能受精，那么子宫壁内膜就会伴随出血而脱落，这就是月经。

月经期间，有些人会和经期前一样，有腹痛、乏力、嗜睡等症状。疼痛比较严重者，可于发作前服用药物以缓解疼痛。

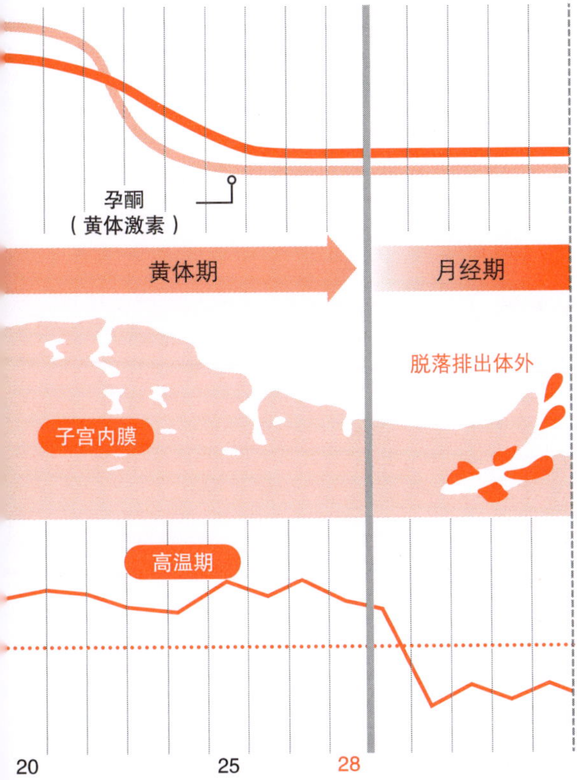
孕酮
（黄体激素）
黄体期
月经期
脱落排出体外
子宫内膜
高温期
20
25
28

高温期与低温期的偏差在0.3—0.6摄氏度之间

月经持续的时间短的3天左右，长的7天左右。月经量也有一定的变化，建议视情况更换卫生巾。

月经期间如有以下情况，请立即就医：①痛经持续无缓解；②月经量3天后无减量。月经期间，建议1—2小时就需更换卫生巾。

月经结束后，心情会有所好转，身体也会变得比较灵活。也有人感觉不到太大的变化。总之，月经结束后身体状况比较稳定，凡事不妨大胆尝试！

第 13 节

来月经了该怎么办?

自己在那时候，虽然卫生巾的用法是学会了……
确实！
但是好像还是有好多事情搞不明白。
是的！
但是呢！
但又不好意思问……
从初潮开始已经过去将近 30 年了，到底什么事情搞不明白也不记得了。
近 30 年
真的呢！
教孩子卫生巾、内裤的种类以及使用方法是必须的。
现在可比以前先进。
卫生巾更换的时间 以及卫生巾使用后的处理方式……还有，如何随身携带？
偷偷带到卫生间。
我们一起回忆一下吧！
还有经期怎么洗澡的问题。
内裤、裤子或者被子上沾了血怎么办？如果在体育课、游泳，还有外出时来了月经，该怎么办？
又急又愁！
为了方便各位家长，我们再好好总结一下吧。
对对！这个才愁人呢！

① 生理用卫生巾

事前先练习一下比较放心！
这样！
有不少孩子都不知道怎么用。

◎垫在内裤内，吸收经血。

◎按长度不同分为日用、日用加长、夜用、迷你巾等。

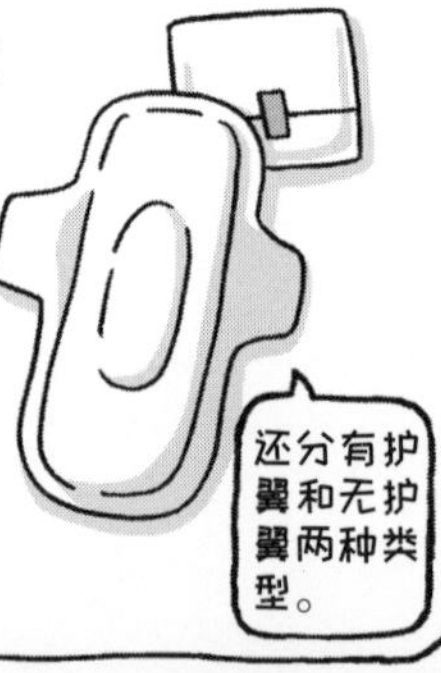
还分有护翼和无护翼两种类型。

② 经期内裤

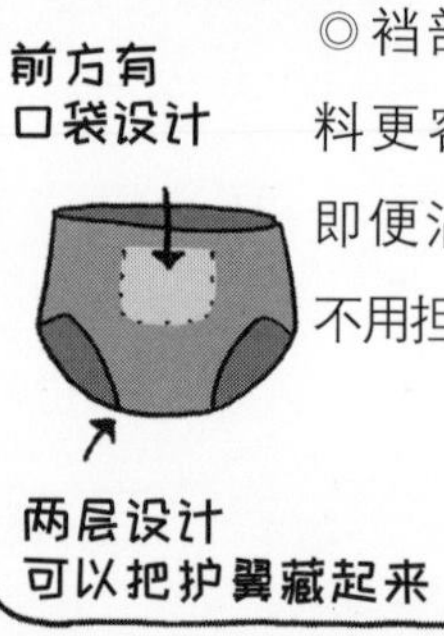
前方有口袋设计
两层设计可以把护翼藏起来

◎裆部防水，面料更容易清洗，即便沾上经血也不用担心。

③ 卫生棉条

仔细阅读说明书，月经期间通过练习之后使用

◎经期可置入阴道吸收经血。

◎即使做激烈运动也不用担心会移位侧漏。

◎游泳、泡温泉也可放心使用。

④ 处理方式

骨碌一卷
卫生桶

◎沾有经血的一侧朝内卷成小卷，并用手纸包裹好。

不要称它脏污桶哦！

⑤ 携带方式

便携袋
去厕所时可以包在手帕里
可以系在裙子的口袋上

◎如果在经期，可以在便携袋里装 5 片左右备用。保险起见，平时也可以装 1—2 片。

⑥ 更换频率

◎ 1—2 小时更换一次。

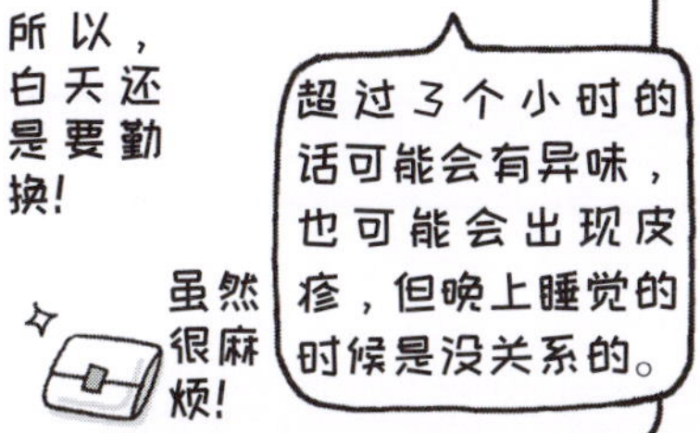
所以，白天还是要勤换！
超过3个小时的话可能会有异味，也可能会出现皮疹，但晚上睡觉的时候是没关系的。
虽然很麻烦！

⑦ 如果在学校遇到困难

◎卫生巾不够了

◎裤子沾上了经血

◎感觉身体不舒服

◎跟体育老师无法开口

◎有担心的事情

……

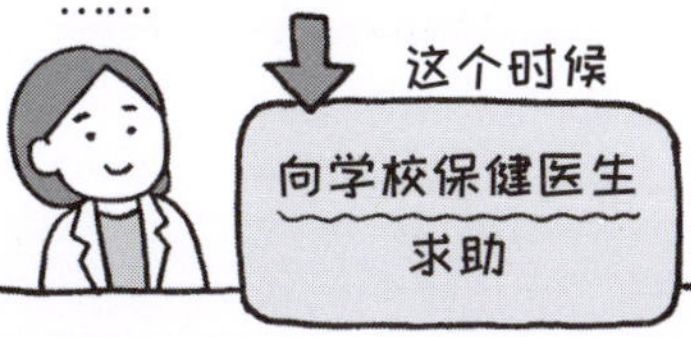
这个时候
向学校保健医生求助

⑧ 游泳 & 运动（社团活动）

◎经期不能进游泳池，所以届时可以在旁边观看学习。

◎虽说可以使用卫生棉条，但也要看身体情况，不能勉强。

◎经期虽然可以适当做些运动，但有时会因为月经量多或痛经等原因感到不适，这时也最好不要勉强，在旁边观看学习就好。

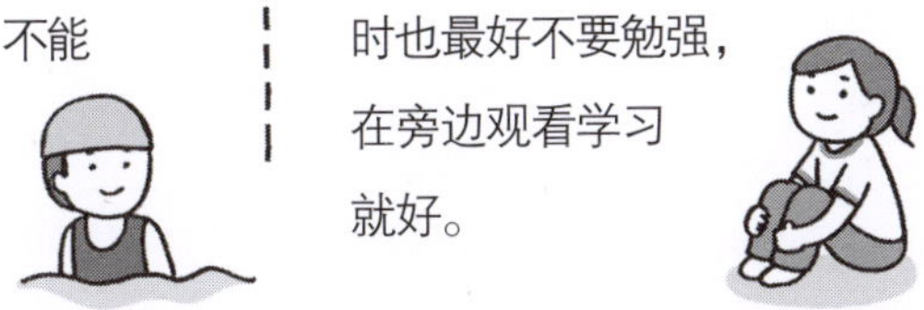

⑨ 沾了经血怎么办

要和孩子提前讲
这样洗哦！外套和衬衫就交给妈妈吧！
如果内裤或睡衣沾上了经血，一定要用冷水搓洗后再放洗衣机里哦！
这样提前讲好。

◎经血有接触热水凝固的特性，所以要用冷水或温水揉搓经血处，然后再正常清洗。

◎如果间隔时间过长会不易清洗，所以建议发现后第一时间处理。

⑩ 洗澡

◎生理期身体湿气比较重，所以比起淋浴，泡在浴缸里好好暖暖身子比较好。

一般来讲，在热水里经血不容易流出来。

◎在浴室如果有经血流出来，就用淋浴冲洗干净。

过去常说，生理期最好最后一个泡澡。但是这期间身体比较敏感，所以反而第一个泡澡会比较卫生。

◎事先在内裤里垫好新的卫生巾，洗完澡穿衣服时会比较方便。

⑪ 不良反应

痛经

肚子疼

◎生理期开始后的半天到2天内容易出现腹痛、腰痛的症状，有时也可能会腹泻。

贫血

头痛、头晕、浑身乏力

◎生理期因流血比较多，容易引起贫血。

PMS 经前期综合征

焦虑、情绪低落
烦躁易怒
犯困、便秘、皮肤干燥
浮肿、食欲增加等

生理期前两周开始身体容易出现各种不适。

可能一个月里有一半以上时间都会感到不适？！

总而言之，最重要的是肚子不能着凉，
可以做些健身操、泡澡、使用暖宝宝，
或者躺下好好休息……
身体实在难受时可以到医院开些止痛药。

妇科、妇产科，任何年龄段的人群都可挂号就诊

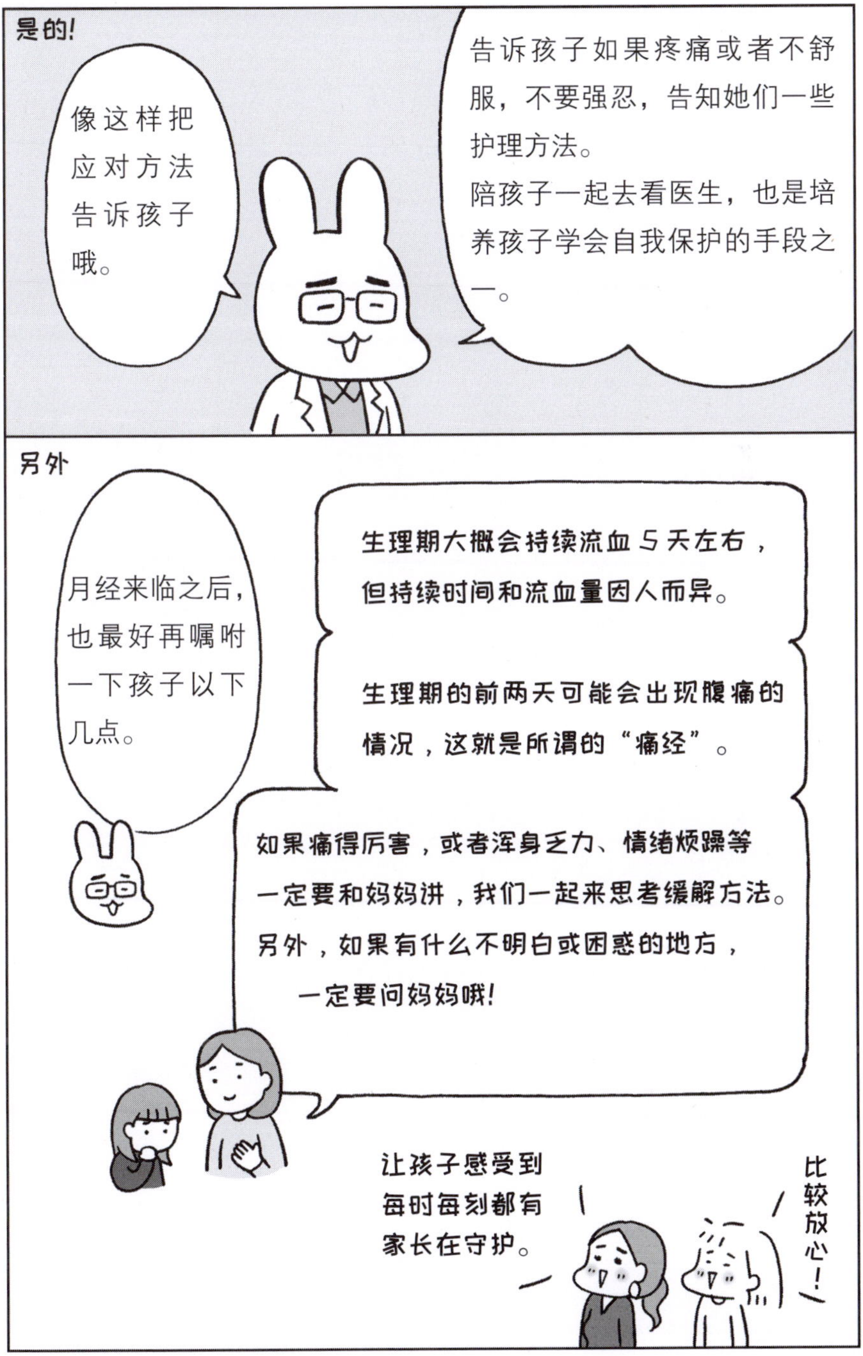
是的!
像这样把应对方法告诉孩子哦。
告诉孩子如果疼痛或者不舒服，不要强忍，告知她们一些护理方法。
陪孩子一起去看医生，也是培养孩子学会自我保护的手段之一。
另外
月经来临之后，也最好再嘱咐一下孩子以下几点。
生理期大概会持续流血5天左右，但持续时间和流血量因人而异。
生理期的前两天可能会出现腹痛的情况，这就是所谓的“痛经”。
如果痛得厉害，或者浑身乏力、情绪烦躁等一定要和妈妈讲，我们一起来思考缓解方法。
另外，如果有什么不明白或困惑的地方，一定要问妈妈哦!
让孩子感受到每时每刻都有家长在守护。
比较放心!

学习身心相关的健康知识 女孩篇

原来女人都是表面装作若无其事，事实上却有这么多麻烦事情。
哈哈 原来如此！
平时的生理期看起来很平常，还真以为没什么事情。
肯定会有比较难受的时候……
看起来有些焦躁啊，有不好的感觉！
但是，这个……
但是，这些如果自己不说谁知道呢？！
是的！女性大多没把自己的身体和精神状态用语言表达出来。
光靠“自己观察”是传达不了的！
如果男性也有相关知识，就能更好地理解女性了。
反过来也是一样。
这能营造一个非常温馨的氛围。
所以，不论男女都要学习“身”与“心”的知识！
孩子当然要学，家长也是要学的。
因为人生毕竟很长！

第 14 节

妈妈的生理期，是否应该告诉孩子?

话说
我女儿第一次来月经时，见到血吓坏了。
当时我只觉得自己很对不住她。
啊？为啥？
我……在生理期时不想让她看到经血，所以我们洗澡都是分开的，一次都没有让她见到过。
但是，又觉得应该让她提前知道，有个心理准备比较好。
如果一起洗澡，有时会用卫生棉条。
这样她就不会被吓到了。
不不不！
我也是绝对不想被看见！！
啊
我倒完全不在意，生理期也是和儿子一起泡澡的。
甚至我连想都没有想过！
洗澡的时候聊着聊着也会顺便给他讲讲月经的事情。
嗯，女人每个月都有那么几天啦！
妈妈，出血了！

真的吗？
明明讲到男人的身体构造你还那么难为情！
如果是女人的身体就没什么抵触呢！
淡定
欸？
好像每个人都不一样啊！
对呀！还是该淡定一点。
是的
这种感觉的确因人而异啊！
有抵触
完全不在意
关于在生理期期间是否应该和孩子共浴的问题，并没有正确答案。
怎样都可以！
就拿性生殖器的名称来说吧，能说出“小鸡鸡”却很难说出“阴茎”，也是一样的道理。
的确是这样！
如果说必须用正式名称“阴茎”的话，也许我们会因为难以启齿而放弃教给孩子。
阴、阴？
没、没什么！

所以，一定不要勉强！
一开始用自己能够接受的语言和方式来教孩子就好。
小鸡鸡是男孩子的隐私部位。
但是，我们家女儿的情况是……
从来没和她讲过月经，
真担心会给她造成心理阴影。
也许这本书可以预防这点。
这个嘛
的确事前知道，或者之前见过经血的话，或许心理动荡会小一些！
但是已经和孩子好好讲过了，对吧？
是的！
虽然解释得不怎么样……
那就没关系了。
月经突然来临，可能会让孩子有内心波动。如果家长能及时做出应对，耐心为孩子解释讲解的话——
相信孩子会感受到来自家长的安全感的！
没关系！妈妈给你讲讲是怎么回事。

说不定这还会成为一个非常愉快的记忆，铭记在心呢！
嗯。
呜呜呜
太感动了！
哽咽
真的心里好没底啊！慌忙查找各种资料，还跑去儿科咨询医生，不放心，又跑去学校找了老师……
和老公也说不上话，大家都一个人承担……
像你这样的例子虽然不多见，但心里没底的家长还真不少呢！
而且家长心里没底，也会直接影响到孩子！
就算心里没底，也要深吸一口气，
大大方方地告诉孩子！
深呼吸
害怕了吧？
说明你真的长大了，恭喜哦！
这样孩子也会学着坦然接受的。
嗯！

专栏 11

了解卫生用品，舒适度过生理期

了解卫生用品的功能和用途也间接了解身体机能

目前市场上的卫生用品种众多，功能也在不断地丰富。比如卫生巾，有的厚度仅 1—2 毫米，可以防侧漏，有超强吸收力的同时还能保证干爽透气的使用感。通过了解这些卫生用品的种类和使用方法，能从中了解身体构造和月经也是不错的。常用的卫生巾可分为日用加长型和日用普通型，可以根据出血量选择合适的产品，因为站着的时候容易出经血，所以体育课时穿安心裤（内裤型卫生巾）比较好。卫生棉条能够吸收阴道内经血，在放置时可以了解阴道的位置和形状。平时生活中可以使用普通卫生巾，但是在游泳的时候要使用卫生棉条。使用任何卫生用品，都要勤换，保持卫生。

多了解一些卫生用品，就可能多一些选择，为我们的生活提供更多的便利。

卫生巾

卫生棉条

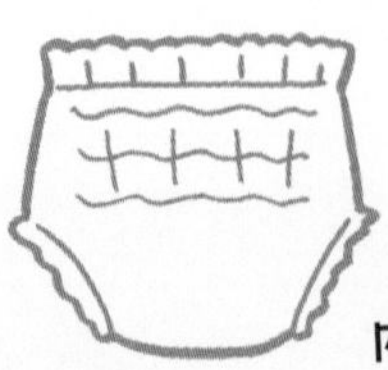

内裤型卫生巾

在月经开始或结束的时候，如果比较在意分泌物，可以选择使用卫生护垫。分泌物一般在初潮开始前 1—2 年就出现。了解正常的分泌物，就可以通过附着在护垫上的分泌物的气味和颜色来辨别疾病，做到早发现早治疗。

第 15 节

关于“怀孕”与“性行为”（男女通用）

前些日子，
我的一个朋友被她的女儿问了这么一个问题——
咽口水
我是从妈妈肚子里出来的，所以自然和妈妈长得像。
但是……
朋友的女儿
(小学2年级)
为什么
我和爸爸长得也很像呢？
咣！
然后朋友就暂且说——
结果这么一说……
因为爸爸和妈妈结婚了呗。
不对呀！
不结婚也可以生孩子的啊！
什么时候已经知道这些了！
汗！
的、
的确！
这是为什么呢？孩子爸爸？
惊吓！
可、可能是施了魔法吧？

魔法！这有点离谱吧。
反正我是笑不出来……
好像是毫无预兆地突然就这么问了。
哈哈哈！
答不出这个问题。
太可怕！
告诉孩子受孕或者说性行为的原理，难度真是太大了！
简直是性教育的超级难题！
的确，如果家长没有受过专门的训练，这的确是比较难的部分。
另外，孩子们容易提的问题还有这些——
“我是怎么到妈妈肚子里去的？”
“明明是从妈妈肚子里出来的，为什么长得像爸爸？”
能回答上来吗？
怎么样？
不不不！
接下来就给大家举个范例。

回答范例
要说为什么呢……
卵子
与精子
相遇形成受精卵（最初的宝宝）
这时候最好能够使用正式名称！
形成胎儿
所以，即便从妈妈肚子里出来也会长得像爸爸呢！
OK？
哦
那它们是如何相遇的呢？
这个……
很好的问题！
比如说水里的鱼，
雌性先产卵
雄性撒上精子
卵子就和精子相遇，形成了受精卵
加油！
嘿！

但是呢，人类不像鱼一样生活在水中，对吧?
嗯!
在没有水的地方，精子也好卵子也好，都是存活不了的，所以——
完全不行!
动不了!
需要把精子送到能够存活的地方去。
欸?
把精子用小鸡鸡送进去。
Piu
从哪里?
用小鸡鸡?
是宝宝出来的地方呀!在尿道口和肛门的中间位置，在它很里面的地方有卵子在等待哦。
平时是关闭的。
这个行为一般叫作做爱，或者性交。
那爸爸和妈妈也做爱了吗?
是啊!
要不你哪里来的?
长大成人了，如果想和喜欢的人生小孩，那么大家都会做爱。
完!

这样告诉孩子就可以了！
你们觉得呢？
关键点是——
长大成人
+
和喜欢的人一起
+
想生宝宝
=
做爱
这几个关键点相结合就能有个严肃和大概的印象了。
另外
还有，说这些要“理所应当”地坦然面对。
这个时候要淡定，要斩钉截铁！
讲解虽然浅显易懂……
说实话，后半句的“把精子送进去”，如果不多练习几遍，还真是难以启齿啊！
扭扭捏捏
嗯，把自己当成演员来练习才行。
语言这东西，熟练很重要！
形成胎儿
卵子……
把精子……
自主练习
通过不断地反复练习，
那种抵触感就会慢慢消失，
自然就能够平静地说出口了。
淡定从容地

第16节

关于“生育”（男女通用）

怀里抱着小女儿去接大女儿放学，
其他的小朋友都会围过来。
是小宝宝，小宝宝啊！
哇！
让我看看小宝宝！
小朋友都很喜欢小宝宝！
被这样问的概率非常高！
这个宝宝是从哪里来的呢？
额……
回答他也不是不可以，但是估计每个家庭的讲解方式都不同吧？
要淡定，要斩钉截铁！
作为外人给孩子讲并不合适。
所以就会用“回去问问爸爸妈妈吧”敷衍过去。
嗯嗯！
懂的！
您自己的孩子也这么问过吗？
是的，我回答说，宝宝在妈妈的肚子里长大，然后从两腿之间的生命通道里出来。
我对这样的问题是没有什么抵触的。
比较难以回答的是“从哪里”这个问题，因为涉及外生殖器的名称，很难说出口。
我也这么认为！

但是
孩子们想知道的未必是关于外生殖器的事情。
欸？
为什么呀？
大多数孩子只是想确认一下自己和爸爸妈妈的关联。
所以，当孩子问“我是从哪里来的？”
为什么要这么问呢？
句尾要上扬
首先，可以这样反问一下。
注意，语气要真诚，不要像责问。
于是……
小优说，他是送子鸟衔来的。
不是的，你是从妈妈的肚子里出来的哦！
原来是这样啊！
松口气
往往对话就这么结束了。

如果接着继续问——
从肚子里是怎么出来的呢？
不只是和父母的“关联”，如果孩子还想知道“过程”的话，不要撒谎，和他们讲实话。
不要用从嘴里或屁股出来之类的话敷衍孩子。
回答范例
虽说是在妈妈的肚子里长大，但和吃下去的米饭待的地方不一样，
妈妈的身体里面有一个专门养育小宝宝的袋子。
胃
不是我！
是我！
叫作“子宫”。
小宝宝会在这个袋子里长大，待9个月左右。
直到——
我想出来了！
像这样。
小宝宝会向妈妈发出信号。
在肚子里怎么发出信号呀？
咚咚！
差不多可以生了！
哦。
说，差不多我要出去了！

小宝宝会分泌一种激素并通过脐带传递到妈妈的大脑……
收到
于是，妈妈身体里就会分泌引起子宫收缩的激素，促使小宝宝向子宫口移动。
收紧
小宝宝的头明明这么大，
10厘米以上
特别特别地
但通向外面的路（产道）和出口（阴道）却很窄。
妈妈和宝宝都需要努力才行呢！
好辛苦！
小宝宝会慢慢地转圈圈，这样头骨受挤压会变小。
头骨？！
小宝宝的头很软，所以能做到。
然后，一点一点地接近出口。
出口又是哪里呢？

小宝宝的出口，就在尿尿的地方和便便的地方之间，平时是关闭的。
但是在小宝宝要出来的时候会打开，而且张口很大，能让小宝宝通过。
这个过程妈妈和宝宝都很辛苦呢！
有的时候要花费好几个小时宝宝才能出生。
你就是这样出生的！
你可能一时记不住。
当你出生落地时，妈妈真是松了口气，特别地高兴！
欸？
完！
怎么样？虽然有点长，稍加练习，是不是可以讲讲试试呢？
外生殖器的名称好像也变得柔和了呢！
这样的话
需要注意的是，不能以一种施恩图报的口吻，而该以一种“母子通力协作”的感觉去讲。
“我是多么辛苦”之类的表达是绝对不可以的！

请问
那如果是“剖腹产”呢？
我家两个都是剖腹产。
这种情况嘛——
回答范例
你出生的时候，医生说为了小宝宝的安全，
要把肚子切开拿出小宝宝。
把肚子切开吗？！
是的，把肚子和子宫切开。
当用手术刀切开时，会有羊水流出来，羊水是用来保护小宝宝的。
羊水是温温的水哦！
然后你就出来啦！
当你出生落地时，妈妈真是松了口气，特别地高兴！
完！
剖腹产的刀口有多疼什么的要不要说啊？
这个嘛，还是回头再说吧。
我好想说！
心情能理解，但是有施恩图报的感觉。

如果没有做好回答的准备，可以坦率地说——
真是个好问题！
但是这个问题非常难，妈妈还没有想好怎么回答。下次再告诉你好不好？
让妈妈先做做功课。
这样回答就好！
但之后一定要找机会回答孩子的问题哦！
如果被问到关于性的其他问题，处理方式也是一样的。但并不是所有的问题都要回答得尽善尽美。
问什么，就回答什么。
从哪里？
从肚子里。
因为就算一口气说了一大堆，孩子肯定以后还会问的。
这个也讲那个也讲
腻烦了
当孩子说一些“不恰当的”话时，可能也是一个好的时机。
我好想从妈妈的屁股里再出来一次，重新开始。
抽搭
比赛出现小失误
欸？屁股！不过这也是一次好机会。

专栏 12

胎儿是如何发育的？在子宫里的 280 天

胎儿通过脐带获取营养

胎儿在子宫内受到羊水的保护，通过羊水获取水分、通过脐带获取营养，在妈妈肚子里一天天长大。多余的水分通过小便排出体外，而大便会一直积攒在体内直至出生后排出。

【受孕后第 7 周】

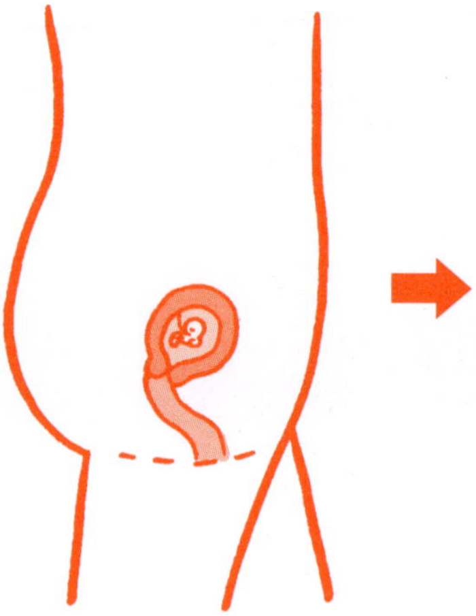

胎儿身长大约 2.5 厘米，体重约 4 克

已形成主要系统和器官，如心脏、大脑、神经等。孕吐大概出现在这一时期。

【受孕后第 12 周】

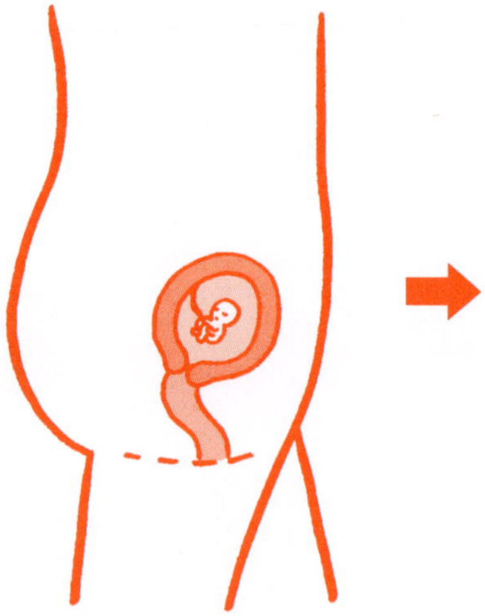

胎儿身长大约 12 厘米，体重约 120 克

已形成胎盘、胳膊、手、腿、脚等。大多数女性在这一时期孕吐症状已经消失。

胎儿在母体内不会呼吸，主要通过羊水和胎盘获得必要的养分。母体的血液不会流入胎儿的体内，也就是说，母体和胎儿的血液不是相通的。

【受孕后第 20 周】

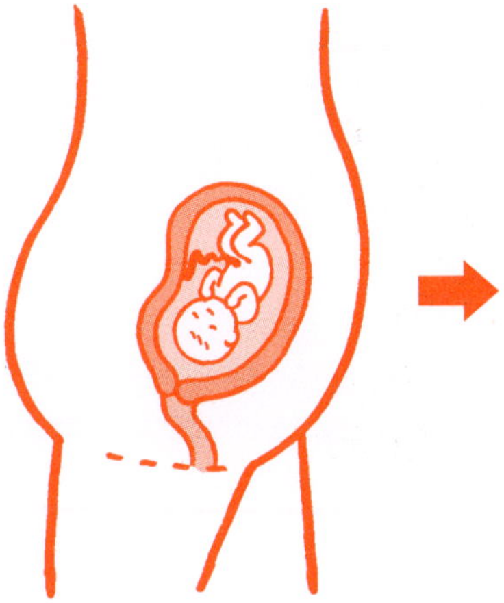

胎儿身长大约 30 厘米，
体重约 600 克

已长出毛发。骨骼发育成熟，内脏也开始运作。母体能够感受到胎动。
22 周后不可进行人工流产手术。

【受孕后第 38 周】

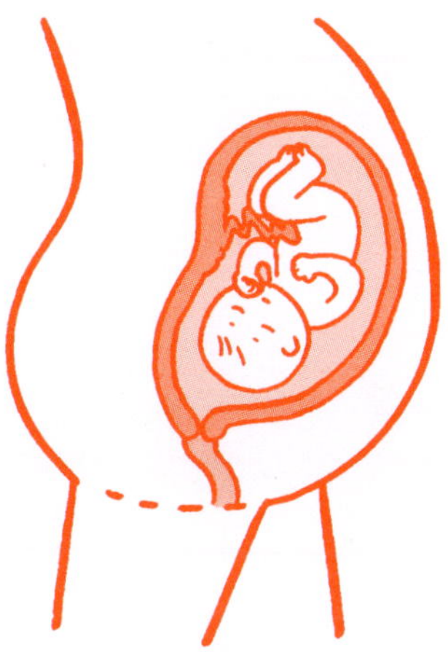

胎儿身长大约 50 厘米，
体重约 3000 克

胎儿越来越大，几乎占满子宫，肚子也越来越大。随时都可能出现阵痛。

第 4 章

这种情况下该怎么办？

性知识问答

第 17 节

总把便便、尿尿、小鸡鸡什么的挂嘴边，该怎么办？

老师……我跟朋友提到了您，
结果她说出了自己的困惑……
拜托！能不能帮我问问那位老师呢？
我儿子的事情实在是没有可以商量的人……
其实，我也有这样的问题。
我也是……
哦哦！
平时大家都不说，事实上都有各自的苦恼呢！
果然
是呢，都是一些比较难以启齿的事情，平时也不会说。
如果没有什么契机的话……
思考中
机会难得，我试着回答一下这个问题吧！
好的！
哇
谢谢！

孩子满嘴的便便、尿尿、小鸡鸡，真是愁人啊！
(5岁男孩的母亲)
在家还好，在外面大声说这些真是要命！
便便！便便！
啊
大家都在看！
因为太在意别人的目光，有时会提高嗓门训斥孩子。真是讨厌这样的自己！
说什么哪！
不许这样讲！
说几次你才能记住啊！
这种困惑一般会出现在幼儿园时期到小学的低年级。
6岁的男孩子也是。
我家孩子现在4岁，是这样。
对孩子来讲，拉臭臭和小便都会让他们觉得——
终于舒服了。
感觉很得意
宝宝好棒哦！
甚至还会被夸奖
就是因为记住了这样的感觉，所以一般孩子都会喜欢大便、小便的话题。
便便

然而屁股、小鸡鸡等，都是和生殖、性有关系的词汇，
所以大人们会不禁一颤。
小鸡鸡
下流！
汗！
那是因为它们是大便和小便的出口，所以小孩子特别感兴趣。
欸？
原来并不是有意说出下流的话。
还有就是，觉得大人们的反应很有意思！
在公共场合发生这样的事情，家长是比较恼火的，但这不是马上能够制止的。
如果想完全制止孩子这种行为，会给家长和孩子都带来很大的压力。
过一段时间就不说了，所以我认为家长们还是静静守护孩子比较好。
的确如此！
精神高度紧张
这样大家觉得如何？
反复强调
适当妥协
所以我们在外面不要讲了，好不好？
妈妈也一样的！
这种话也许听起来很有趣，但大家听到会感到很不舒服。
这个时候可以这样讲——
非常严肃地→

也可以换个视角——
以此为契机，
让孩子对自己的身体构造、健康常识、生活习惯等产生兴趣，也不失是一个好办法。
具体怎么操作呢？
小鸡鸡！尿尿！
说到小鸡鸡和尿尿，最近我发现地板总是湿的，是不是你没有憋住呢？
惊到
嗯……
另外
想尿尿了就马上去厕所，不要等到憋不住了再去。
尿尿的时候记得要用手把着鸡鸡哦。
滴在外面妈妈很难打扫的。
知、道、了
大概就这样！
嗯嗯，这个方法不错！

第 18 节

看到孩子在摆弄小鸡鸡，该怎么办？

有时候我会看到孩子隔着衣服摸小鸡鸡，我该怎么说才能阻止他这种行为呢?
(5 岁男孩的母亲)
这种情况在看电视的时候比较多。
啊，又开始了!
软乎乎
有时在外面也会这样，带他出去真是胆战心惊的。
不要这样!
女孩子也会这样!
是的!
这个嘛
就算看到孩子摸外生殖器，
大家也千万不要认为这就是自慰行为。
大多数情况都属于无意识的“触摸生殖器”，
它有缓解以下情绪或感觉的效果。
刺痒感
无聊
不安
寂寞
一点点快感
动不动就……
所以，只是偶尔看到的话，就不用管他。
不需要刻意去阻止!

但是如果过于频繁的话，就需要问问孩子。
怎么了？鸡鸡痒吗？
不痒。
哦
这段时间总看见你在摸鸡鸡，还以为是痒呢。
问完之后一定和孩子讲关于礼节礼貌的问题，具体可以这样讲——
如果在别人面前摸鸡鸡，会带给别人很不好的感觉。
事实上，妈妈也不大喜欢。
要多关注观察孩子，看看是不是在人际关系处理上遇到了什么麻烦。
舒服
“生殖器触摸”
啧
舒服
这和吮手指是一个道理。孩子往往通过接触自己的身体来掩饰自己的心情，所以行为背后可能还存在其他的原因。

如果是“自慰”，该怎么办呢?
咽口水
欸?
不要禁止，教给他礼节才是最重要的。
可以不阻止吗?
嗯，礼节方面主要有两点——
并不是做了不好的事情!
2
礼节 1
在别人看不见的地方
“自慰”是一种隐私行为，所以在别人看不见的地方做是原则。
虽然对自己来说是舒服的事情，但对别人而言是尴尬的。
关好门
礼节 2
避免太强烈的刺激
NG
• 用坚硬的东西
• 用力顶压在某物上
比如地板、墙壁、枕头等
刺激不够强烈可能感受不到快感。
如果是男孩，以“煮鸡蛋”为例，力度最好把握在不握碎鸡蛋的程度。
这样啊!

这两点可以这样和孩子解释——
妈妈也好，其他人也好，看到你做这件事情会觉得不舒服。
所以做这件事的时候，
首先要在别人看不到的地方，
然后要用手温柔地摸，不然会受伤哦！
1
2
知道了！
告诉孩子这两点后，还要提醒他关好门，以防家长突然闯入。
我进去喽？
嗯
咚咚
如果突然开门看到了，家长一定要为自己未经许可擅自进入孩子房间道歉。
没敲门就进来了，抱歉！
“在干吗？！”这样怒斥孩子是不可以的。
不管是男孩还是女孩，“触摸生殖器”也好，“自慰”也罢，都不要去禁止。
告知注意事项，守护好孩子就好！
原来“触摸”这种行为本身是可以的呀！

第 19 节

一家人一起看电视时看到激情戏，该怎么办?

和孩子一起看电视遇到激情戏片段，真是不知如何是好。
（10 岁男孩和 8 岁女孩的父亲）
突然关掉电视？把孩子撵出去？好像都不大自然。
真没意思，不看了！
不要看电视啦！作业都做完了吗？
只能僵坐在那里，直到演完这一段……
什么都不要问……
拜托！
懂的！僵在那里。
比起激情戏，父母难为情的样子更令人记忆犹新。
想起我自己小时候……
关于电视节目里的激情戏，不用太过分担心。
因为电视都会经过审查，不会随便播过分的内容。
即便如此，还是担心孩子会问一些问题。
这两人在干吗呀？

这种时候，这样回答就好！
这两人在干吗呀？
自然地
嗯？他们在相爱呀！
淡定地
但是也有不相爱的情况啊！
比如，强迫的，或者为了钱之类的。
这种时候也可以顺着剧情谈谈自己的感受！
明明人家不愿意，好可怜哦！
先让她放松警惕，然后再去骗她。
为了钱，居然沦落到这种地步！
不一定要回答得很完美。
接下来
可怜啊！
在这样的对话中，希望孩子能慢慢理解性行为的3种类型——
为了生育子女
为了一同快乐生活
出于支配欲
这部分内容在第176—179页会有详细说明。

第 20 节

发现孩子在看成人影片、成人网站，该怎么办?

发现孩子好像在用电脑浏览成人网站。我该怎么办才好啊?
(10 岁男孩的母亲)
我是查家里电脑的网页历史记录才知道的。
咣!
他爸爸说——
都这个年龄了,不用管!
不是我看的!
现在,居然连小孩子都能很轻松地浏览成人网站!
通过平板就能登录,连我本人都察觉不到!
孩子并不知道什么是危险,所以就需要家长做好防护工作,谨防登录不明网站。
不经意地浏览,可能会让有些孩子对恋爱、性爱产生厌恶感。
可以对电脑或手机的权限进行设置,或者使用一些收费的安全软件。
阻断

可以先搁置。
在此基础上如果发现孩子确实在看这些内容，
等到单独和孩子相处的时候
妈妈没有责怪你的意思！
你最近是不是在电脑上看成人网站啊?
看了觉得怎么样?
没什么……
噘嘴不语
……
话说
那个东西不适合孩子。
里面的内容都比较粗暴，有的对待女性也很过分。
所以呢，妈妈不希望你看到这些东西。
像这样表达家长的心情会比较好！

即使用安全软件也做不到完全的“安全”。
到了高中，同学之间也会互相借着看的。
这个借你！
谢啦！
成人影片、成人网站都是虚构的，和现实世界的情况是不同的。
要么是为了赚钱演戏，要么是被强迫拍的！
告诉孩子要在明白虚构与现实区别的基础上去看这些内容。
辨别虚构与现实的能力是很重要的！
如果真做了这种事情会让人讨厌的！
如果能真正做到这种区分，那我个人觉得这个行为本身是不用否定的。
但是，这种辨别能力一般要在15岁之后才能获得。
真的能够培养出辨别能力吗……
是的，这个要从小就开始培养。
光靠嘴说是不行的吧？
告诉孩子要认真对待自己和他人的身心，这会为培养辨别能力奠定良好的基础。

专栏 13

避免纠纷！用成人的智慧预防网络纠纷

即便全力以赴，但还是远远不够

即使锁定或关闭了手机的相关功能，破解技术的飞速发展，还是会让孩子使用的智能手机不断遭到入侵。如果不及时更新智能手机的相关信息，估计很难和孩子进行正常对话。所以，需要家长多多关注，最好通过建群等手段加强手机上的交流。关于智能手机、社交网络的相关信息，以及卷入纠纷后的应对策略、事先想要了解的措施等，都要及时更新，时刻保持警惕。如果发生相关的可怕事件该怎么办，如何主动出击，如何不被信息洗脑等，作为成年人都要事先想到。即便如此，网络纠纷还是比较棘手的问题。

第 21 节

配偶对性教育不理解、不配合，该怎么办?

丈夫完全不配合孩子的性教育，我教孩子时，他也是一脸的不满。
（8 岁男孩和 6 岁女孩的母亲）
本想着和丈夫一起教孩子，结果……
这种事情如果由家长来教的话，孩子会变得不正常的。
性教育？你说什么呢？
欸？
连开始都很难……
本来还希望让爸爸教儿子的！
完全不理解和配合！
难以置信
遇到这种情况，首要任务是消除父亲对性教育的偏见。
我会好好教的！
路漫漫其修远兮。
嗯
不能以此为理由，不进行性教育。
孩子的成长不等人！如果觉得很难得到丈夫的配合，
那暂时只能由妈妈一个人先学习再教育了。
也可以和有孩子的朋友一起学习！

让妈妈一个人来说……
虽说如此，也不能因为这个而抛弃丈夫吧?
毕竟夫妻俩的日子还长!
和丈夫讲要淡定从容。
既然遇到了这样的事情，干脆就好好和丈夫解释。
我是这么想的——
通过妻子的描述，也许丈夫的想法会一点点发生改变。
所谓的性教育，好像和我想象的不一样……
咦?
我之前也提到，孩子过了青春期就会把异性家长当成“异性”来看待。
如果没有改观的话真的会令人失望呢!
可能以后再也不相信他了!
有关性的话题，如果由异性家长来教，孩子可能会有很强的抵触感。由同性家长教授是最基本的事情!
所以父亲这个角色很重要!
即便如此，如果还是得不到父亲的配合……
可以给孩子看些合适的相关书籍，
男孩身心成长手册
或者由其他男性长辈来替代父亲教授。

第 22 节

关于避孕知识，什么时候、怎样告诉孩子才好？

如果想告诉孩子关于避孕的知识，选择怎样的时机比较好呢？
（10岁男孩和7岁女孩的母亲）
不希望对方女孩意外怀孕，也不希望自己女儿这样。
所以——
想好好地给孩子讲一讲，不过感觉好难呀！
什么时候说才好呢？
的确！
有可能孩子根本不会问我们避孕的事情啊！
嗯！
初潮或者遗精的时候会不会是个好时机呢？
只是直觉哈。
我觉得初中的时候就得和他们讲了。
太早了？
我们先来看看各个国家是在什么时候开始避孕教育的。
荷兰
小学最高年级（12岁）左右
中国
小学6年级
（不是正式课程，但是可以借阅性健康教育的课本）
英国
初中阶段（11—14岁）的“生物”课
韩国
初中阶段
“技术与家庭”课
日本
高中的“体育保健”课

这样啊！
我们原来是在高中教这个啊。
欸？
不过，避孕知识初中生也能听得懂吧？
真希望初中就能教给孩子。
女儿3年后就上初中了。
这不是马上了？！
如果是教初中生，该怎么讲呢？
会出大事情！但又不想吓他。
虽然有点偏题……
在切入避孕话题之前，可以先聊聊“情感表达”。
情感表达？
关于“情感表达”，大部分人会这么认为——
做爱
=
爱情与亲密的最高峰
欸？难道不是吗？
大家可以想想其他的情感表达方式。

比如这些——
眼神互动
语言交流
学校里的事情
生活里的事情
前途 爱好
家人、朋友等的事情
温柔地接触、抚摸、牵手等
（详见 185 页）
形式多样，暖暖的情感表达方式有很多哦！
的确，通过这些方式可以互相理解，增进感情，在精神上得到满足。
感觉像是“倾听”“肢体接触”的延续。
即便如此，
青春期不正是对性爱非常感兴趣的时候吗？
简直势不可挡！
的确如此。
把“对性爱的好奇”和“爱”联系在一起，正是这个年龄段的特点。
貌似自己也深有体会……
咽口水
正因为如此，我们需要先聊聊“情感表达”。
然后再告诉孩子——

表达情感的方式有很多种。
即便如此，如果还是想和对方发生性关系的话，
我就要给你讲讲避孕的相关知识了，避免意外怀孕，保护大家。
虽说男女平等，但在承担性爱的后果上，并不平等。
怀孕、人工流产等会对女孩造成巨大的伤害。
而且，从生理构造来讲，女孩患性疾病的概率远远高于男孩！
如果意外怀孕，两人会产生绝望、憎恨、罪恶感等，以致最后两个人只能以悲剧告终。
现实生活中这样的例子数不胜数。

所以，我希望你能说服对方进行避孕。
如果你能把彼此的身心健康，甚至人生放在首位，我相信你就可以做到，对方也一定会接受的。
我希望你能幸福!
这样跟孩子说怎么样?
我认为避孕是建立性关系最基本的条件。
这和年龄无关，两个人能够论及避孕才是走向性爱的充分条件。
告诉孩子，两个人之间如果不能谈论避孕，那么还为时过早。

话说
有些家长甚至对避孕知识还稀里糊涂呢……
反而相信一些不靠谱的东西。
避孕方法有很多，我先讲讲避孕套和口服避孕药。
其他方法，以及意外怀孕的处理措施详见 166—167 页
这是日本使用人数最多的避孕方式。
避孕套
但是，如果性交中途才使用，或使用方式不当，会导致避孕失败，所以——
做不到准确无误
一旦紧张起来手也不靠谱了呢！
真不少！
即便使用了避孕套，还有近 15% 的女性怀孕。
即使产品无质量问题。
国外有些国家还会利用模型进行避孕套的使用教学，
可见使用方法非常重要！
拿一整盒来练习都不为过！
其实避孕套的最大功能是
预防性传染病，
有些传染病甚至危及生命！
如果因为吃了避孕药就不戴避孕套，也是绝对不可以的！
口服药只能避孕。

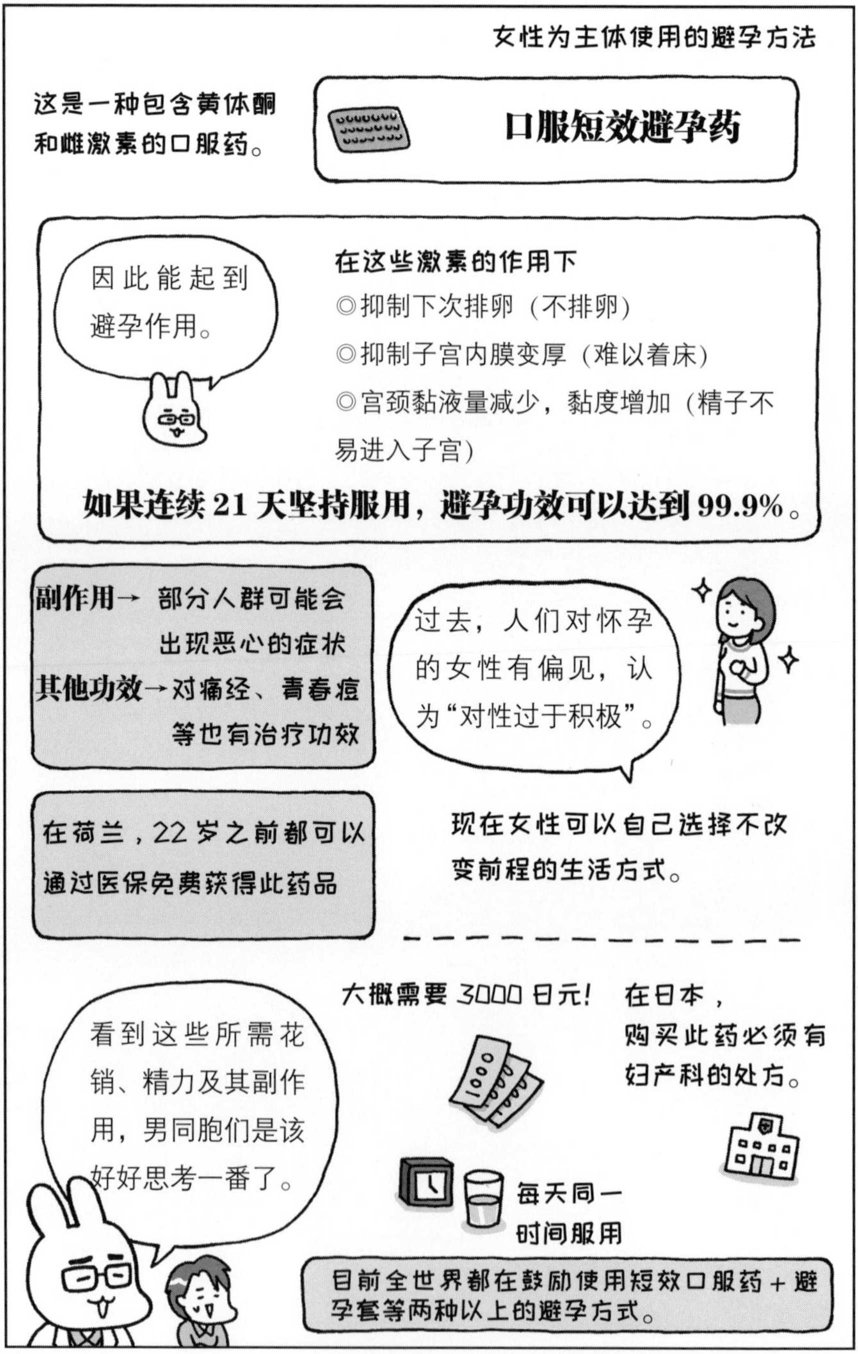
女性为主体使用的避孕方法
这是一种包含黄体酮和雌激素的口服药。
口服短效避孕药
因此能起到避孕作用。
在这些激素的作用下
◎抑制下次排卵（不排卵）
◎抑制子宫内膜变厚（难以着床）
◎宫颈黏液量减少，黏度增加（精子不易进入子宫）
如果连续21天坚持服用，避孕功效可以达到99.9%。
副作用→部分人群可能会出现恶心的症状
其他功效→对痛经、青春痘等也有治疗功效
过去，人们对怀孕的女性有偏见，认为“对性过于积极”。
在荷兰，22岁之前都可以通过医保免费获得此药品
现在女性可以自己选择不改变前程的生活方式。
大概需要3000日元！
在日本，购买此药必须有妇产科的处方。
看到这些所需花销、精力及其副作用，男同胞们是该好好思考一番了。
每天同一时间服用
目前全世界都在鼓励使用短效口服药＋避孕套等两种以上的避孕方式。

专栏 14

防止意外怀孕！避孕需要知识储备和行动力

首先要获取正确的避孕知识

避孕方法有多种多样，但目前在世界范围内被鼓励推荐的做法主要是避孕套和避孕药一起使用。在荷兰等地，很多孩子从上初中开始就带避孕套出门。在日本，虽然现在还达不到这种程度，但家长和孩子都已经有了一定的避孕意识。男女双方如果都能经常带着避孕套自然是好，但是很多男性会愚蠢地相信成人影片中的错误信息，误认为体外射精就能避免受孕，真是荒唐至极。

不管何时，请使用正确方式进行避孕。

【避孕方法——自己查、告知对方、共同努力】

避孕套	– 男性勃起时套在阴茎上，防止精子进入阴道。 – 在超市、药妆店、网店购买。 – 在日本使用最为广泛，但在全世界范围属于少数的避孕方法。需要男性的配合，光靠女性是不能避孕的。
口服短效避孕药	– 口服含有雌激素和孕激素的药品，通过阻止排卵完成避孕。 – 服用此药品需要有医生处方。
宫内节育器	– 置入女性子宫内，阻止受精卵在子宫内膜上着床。 – 可以持续释放黄体酮。 – 需要通过妇产科医生置入（适于有生产或人流经验的女性）。
紧急避孕药	– 在避孕失败又必须避孕的情况下，72 小时之内服用含有孕激素的药品达到避孕功效。需要医生的指导和处方，所以事先需要到妇产科就诊。 – 另外，如果是遭遇强暴，可以通过报案免费获得此药品。
体外射精	非避孕方法 在勃起的状态下，即便不射精也有精液流出的可能。

*虽然未在日本得到认可，但其他国家还有贴在皮肤上，或皮下注射等多种方式。

避孕行为和观念，可以反映对彼此的感情

令人遗憾的是，在不避孕的理由当中，至今还存在“自己说出想避孕会很不好意思”“如果遭到对方拒绝会影响双方的关系”的想法。如果真心为对方着想，那肯定会同意好好地进行避孕。不必说，怀孕后生下孩子、养育孩子，身心承受巨大负担的始终是女性。

从刚开始相处，到出现有怀孕的可能性之前，两个人就要好好商量“生了孩子怎么养”“对今后的生活会带来怎样的影响”等问题，同时，做好一定的心理准备也是很重要的。

【不同阶段 & 不同性别，不进行避孕的理由】

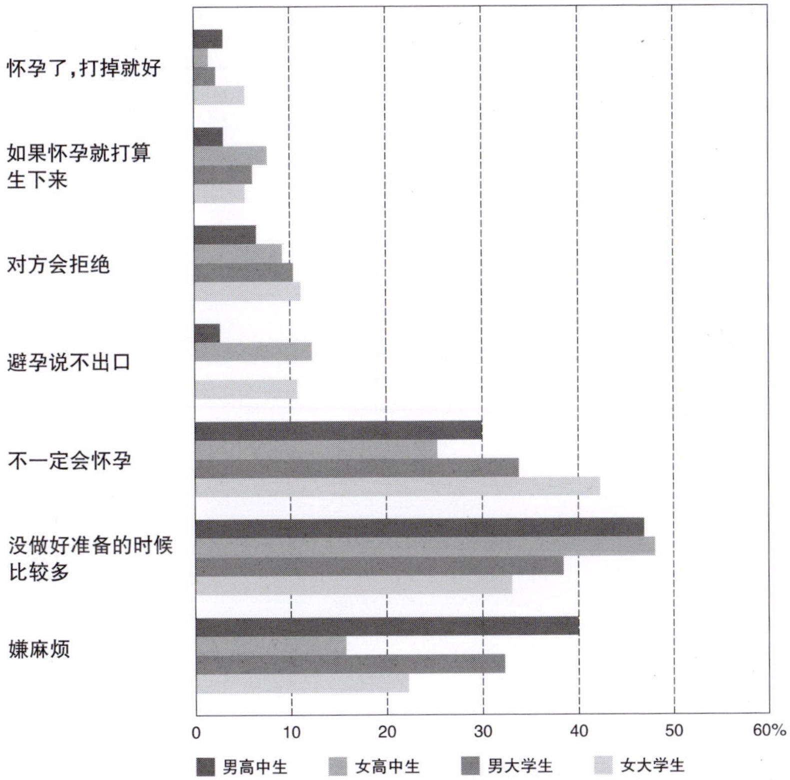
怀孕了，打掉就好
如果怀孕就打算生下来
对方会拒绝
避孕说不出口
不一定会怀孕
没做好准备的时候比较多
嫌麻烦
0
10
20
30
40
50
60%
男高中生
女高中生
男大学生
女大学生

第23节

什么时候开始有性行为比较好?

虽然为时过早，但我还是想问孩子什么时候有性行为才合适呢？
（13 岁女孩和 9 岁男孩母亲）
周围家长给出的答案都一样。
大概大学？
凭感觉
如果没发展到能够抚养子女的程度，就绝对不可以！
要负责任！
真不希望比自己还早。
那是该几岁呢？
家长的想法暂且不论，但孩子在初中就有这种可能了。
什么时候说才好呢？
就这样，没有答案！
如果从危险性的角度来考虑的话……
学生……
还是不希望在高中毕业之前发生的。
懂！
但中学生想尝试的心情可以理解！
如果做好避孕措施，两个人的关系也是对等的，就应该可以吧？
作为家长该如何判断呢？
啊，彻底糊涂了！

的确
与年龄大小无关，多注意怀孕和疾病才是大前提。
我当学生时没觉得性爱不好，或者抱有罪恶感。
不过，我希望各位好好思考两者的关系！
爱情与性爱
不好懂！
性爱，并不单纯指肉体需求或性欲。
性爱，代表与对方分享隐私，类似于将生命托付给对方。
还有这层意思。
啊，原来如此！
毕竟是从小以来一直保护着的隐私部位呢！

能做到这点的人，应该是什么样的呢？
想一想！
我认为对方应该是与自己共享人生的喜怒哀乐，以及价值观的人！
如果对方符合这种条件，即使性爱的结果不如意，两人也能携手渡过难关。
相反，如果只想和对方“随便玩玩”，可能就会深深受伤，陷入痛苦。
我想让孩子知道，更重要的是明白“在没认真考虑清楚关系的定位前不用着急发生性行为”，而非思考“什么时候才能做爱”。
除了性爱，还有其他表达情感的方式能沟通心意！
高中生就要考虑这些吗？
过不了多久就成年了，必须锻炼他们的思考能力！

从这个视角考虑，
答案脱口而出。
不幸
幸福
对于孩子与对方来说，
这样确实能聊起来！
我想说的并非是“好”或“不好”。
BAD
GOOD
剩下的就由孩子去选择。
妈妈觉得那样比较好。
我觉得这样比较好。
父母表达意见后，
不包括犯罪！
万事提前为孩子做好选择。
为了不让孩子经历失败！
父母不经意间总会——
你要这样！
要培养获得幸福的能力，父母表现出支持的态度非常重要哦！
下次去这里！
加油！
就算焦虑也要支持孩子。
就算有孩子因此意外怀孕。
到时候，批评这种行为的同时别否定孩子的人格！
即使选择失败，父母的责任就是去接受结果。

第5章

希望家长了解的 性知识

第 24 节

“三种”性行为

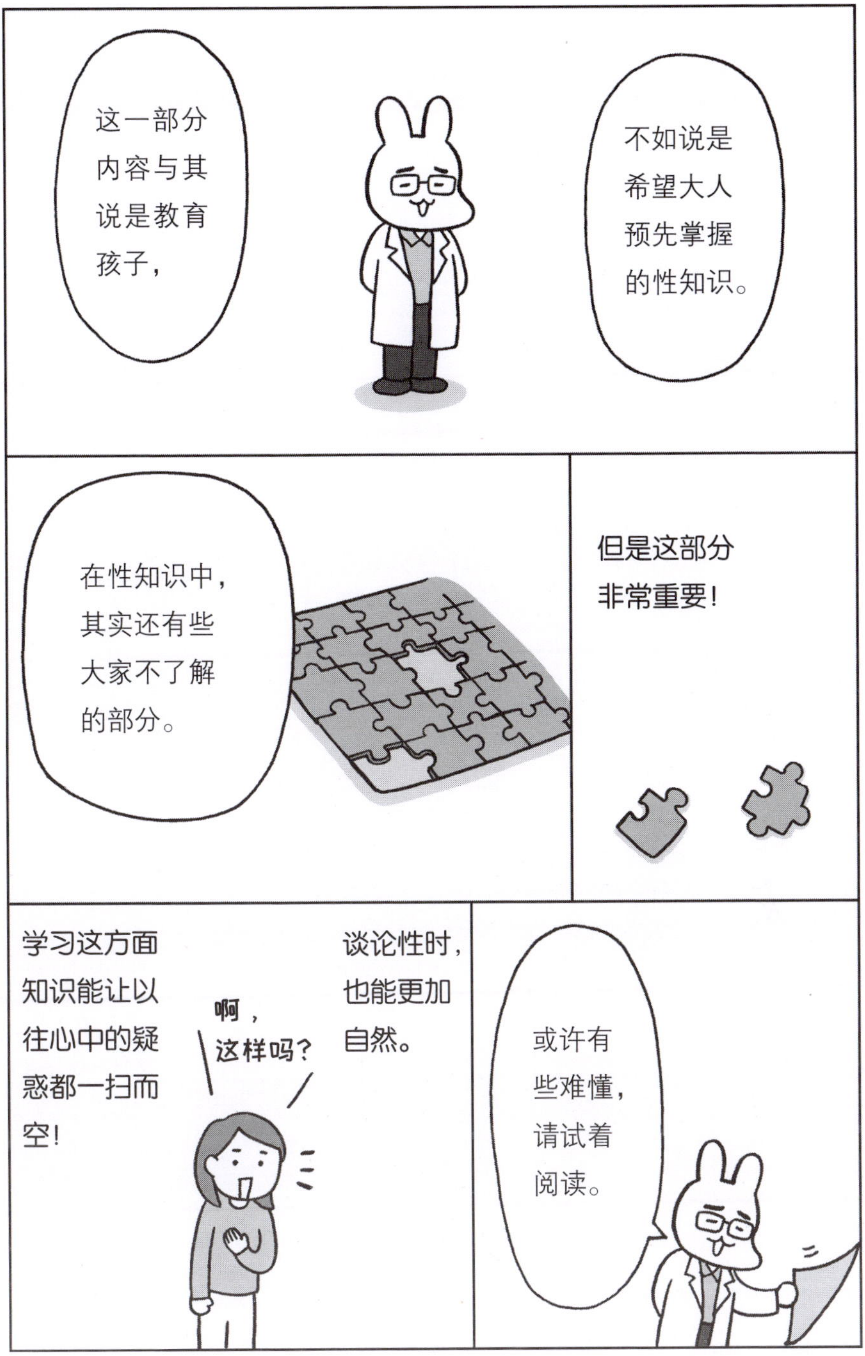
这一部分内容与其说是教育孩子，
不如说是希望大人预先掌握的性知识。
在性知识中，其实还有些大家不了解的部分。
但是这部分非常重要！
学习这方面知识能让以往心中的疑惑都一扫而空！
啊，这样吗？
谈论性时，也能更加自然。
或许有些难懂，请试着阅读。

打断一下！
关于性爱——
一方面被人们称为“爱情”“幸福的事情”……
但是也有人把它看成性犯罪、意外怀孕等危险的事情，不是吗？
爱
无法一概而论
危险
所以，我不明白怎么跟孩子解释。
总感觉说得遮遮掩掩。
好东西？
坏东西？
倒不如说
性爱没法一概而论哦！
从意图来看，性行为大致可分为三种——
说起来
第1种
生育子女（繁衍后代的性爱）
这是为了生育后代的性行为。
在长期的性教育中，这被视为最有价值的性行为，传授的也都是生育一方（女性）的性知识。

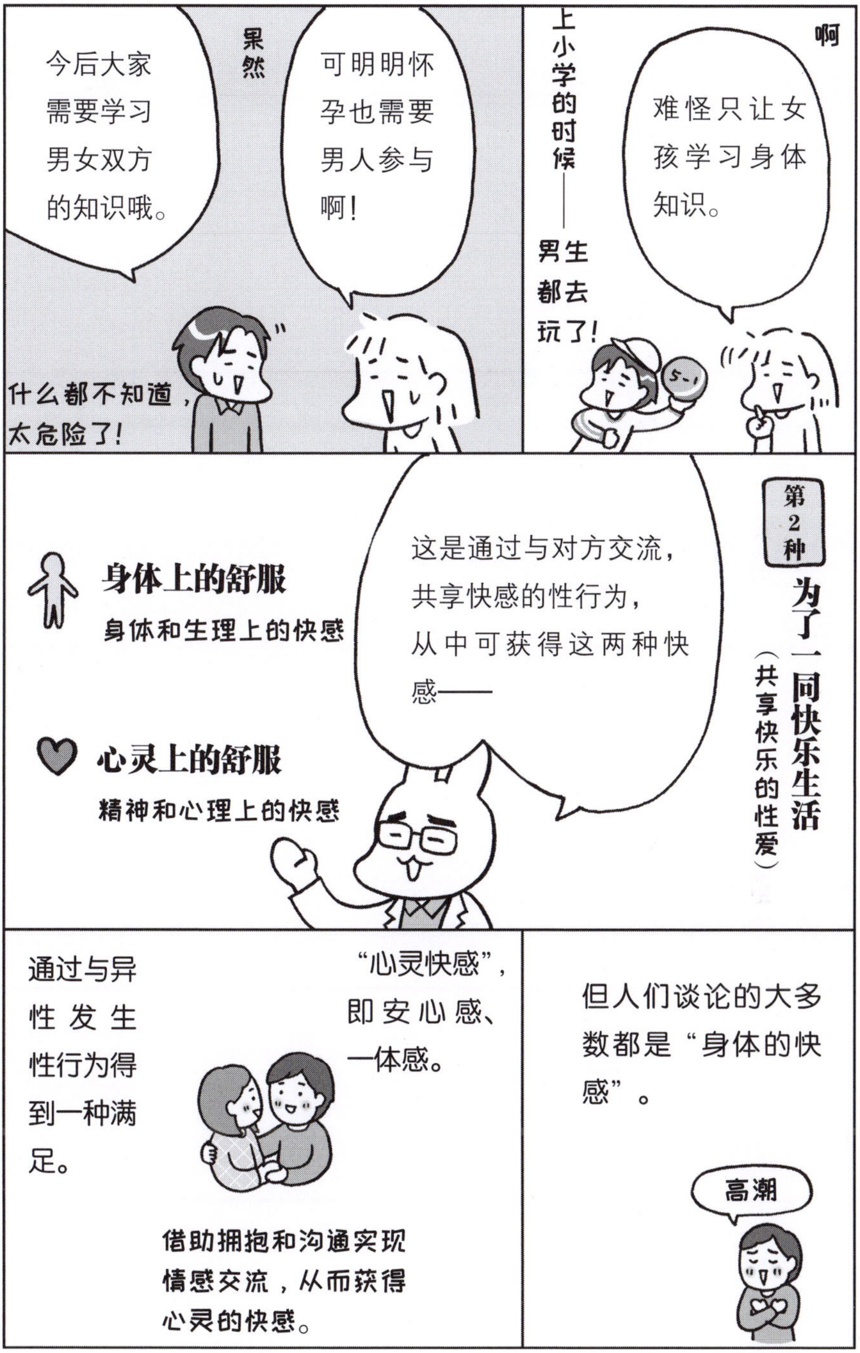

啊
难怪只让女孩学习身体知识。
上小学的时候——男生都去玩了!
果然
可明明怀孕也需要男人参与啊!
今后大家需要学习男女双方的知识哦。
什么都不知道，太危险了!
第2种
为了一同快乐生活
（共享快乐的性爱）
这是通过与对方交流，共享快感的性行为，从中可获得这两种快感——
身体上的舒服
身体和生理上的快感
心灵上的舒服
精神和心理上的快感
但人们谈论的大多数都是“身体的快感”。
高潮
“心灵快感”，即安心感、一体感。
通过与异性发生性行为得到一种满足。
借助拥抱和沟通实现情感交流，从而获得心灵的快感。

第3种
出于支配欲（支配的性爱）
这是不认为对方与自己地位平等，只想让对方满足自己的性行为。
・权力和暴力
・经济能力
・以“爱”的名义
就算认为是爱，双方关系如果不对等，就会变质成这种性行为。
这种观念大多来源于对男女职责的偏见。
支配的性爱
偏见
快感属于男人
男人应该主动
女性处于被动
顺便一提——
成人影片和成人网站上面的内容里，这种“支配的性爱”占有压倒性的比例。
说的是呢！
如果能理解它们是虚构作品还好。但事实上，反复出现的支配性性描写却不断向着人们的观念里渗透。
这么一说，好可怕！
所以小朋友看这些东西很危险！
正因为禁忌，所以令人感到刺激有趣。

性职责的偏见！
在恋爱方面，应由男性主导的偏见至今还根深蒂固呢。
在少女漫画中必会出现强势的男性角色。
看着我！
哎呀！
要是在现实里出现就太可怕了……
要是不改变这种观念那就不好了……
确实该改变了！
首先，要教会孩子与繁衍有关的基本性爱知识。
然后，根据孩子的成长情况，教会他们其余两种性爱的知识。
啊
就是这样才容易尴尬吧？电视剧里的亲密戏也是教育的好机会呢！
另外
有关性教育的电视节目也可以！
没错，通过日常的对话来传递知识就挺好的。

第 25 节

自我愉悦

虽然之前老师介绍过关于自慰的注意事项了……
有点难办！
但要跟孩子说起自慰，还是太不好意思了！
的确
是啊，大多数人都深信自慰是“不好的事”。
还有这种叫法——
自我愉悦
顺带一提，关于自慰
自慰这个词，在英语里叫“masturbation”，来源于拉丁语中表示“用手淫乱”的词，算不上是好词。
日语中“自慰”的外来语“Onanie”来自《圣经·旧约》，与犹大的儿子俄南有关。原意为“中断性交，体外射精”。
为了摆脱这种负面印象，因而改成“自我愉悦”。
另外，自我愉悦意为“自我满足”“自体性行为”。

希望家长了解的性知识

正常的自慰无害！
现在几乎已经达成共识——
什么!?
但做这种行为不需要内疚，它本身并非是坏事。
直面自己的性欲，学会正确看待它，是很有意义的。
只要遵守原则，适度自慰没有任何问题。
自慰的原则
①不要给予过度的刺激
②在没人看见的地方
详见 144 页
但是，自慰给别人看或强行让他人自慰就是暴力！
话虽如此，我们还是不能随便自慰，自慰的原则很重要。
是啊！
稍稍改观了！
有点难办！
正确的引导还能帮助孩子学会自我管理。
是的
听起来，自慰没什么不好意思的？
总感觉

第 26 节

除了性爱，还有哪些“性接触”

在我们掌握的性知识里，
两人在性方面亲密
=
性爱 × 交配
这种观念占据了压倒性的地位。
可，那什么……
这种观念不对吗?
说实话
脑子里只有这种观念。
对
零距离接触的状态就是性爱了吧?
为了表达喜欢就得发生性爱!
或许还有这种强加于人的观念……
这些都是偏见哦!
还有就是高潮至上主义了吧……
是否能让对方和自己高潮，这方面被赋予了过多的价值。
可是，这不就是目的吗?
“没法让女性高潮就不算男人!”
这是在为难男性。
似乎压力山大!
对啊!

在表现两人亲密的“性接触”中，性爱并非是最好且唯一的方法。
表示性亲密的卡片（性接触）
性爱
希望各位能明白，性爱不过是多样化的“性接触”中的一种罢了。
可是
如果不做爱，亲密不也就没意义了吗？
女性也没法满足吧？
没那么回事！
如果目的在于表达情感
除了性爱，还有其他的接触和语言上的交流等。
四目相对
这些行为作为性接触，是很重要的。
配合具体情况下两人的关系、状态还有情绪。
互相依偎
拥抱或亲吻
其实，到这一步结束也完全可以，光靠这些行为也足以表达情感。

啊
这么一说还真是呢！
哇，没想到被灌输观念！
这种方式有时能感受到强烈的爱意呢！
让人觉得心灵相通！
反过来，如果性伴侣想着“做完就行”，这样就会很寂寞。
社会上太过于大肆宣传“性冷淡”。
如果只有性爱才能表达情感，不免太贫乏了！
虽然性爱也很重要！
情感表达是多样化的，希望大家能意识到其中的价值。
如果不认同这种观点的话——
总有点想不通！
以下这几类人就没法进行性接触了。
无法负担怀孕风险的年轻人
难以维持性生活的老年人
非黑即白……这种生活太寂寞了！
所以，舒缓的、心灵相通的性接触，对每一个群体都很重要！

第 27 节

丰富多样的性生态

前两天……我查了下比较在意的东西，原来有近30个国家或地区有同性结婚制度呢。
荷兰 比利时 西班牙
加拿大 南非 挪威
瑞典 葡萄牙 冰岛
阿根廷 丹麦 巴西
法国 瓜拉纳 新西兰
英国 卢森堡 美国
爱尔兰 哥伦比亚
芬兰 马耳他 德国
澳大利亚 奥地利
中国台湾地区 厄瓜多尔
来源：EMA日本 截至2019年
有些国家出于宗教等原因不允许同性结婚。
亚洲也有地方同意呀！
荷兰倒是不出意外……
意外
LGBT这个词最近常常听见。
日本的27个自治体也有伴侣制度。
虽然心里想着要消灭区别对待和偏见——
但因为不了解所以担心会下意识说出很刻薄的话。
我也是这样。
性骚扰
所以现在选择逃避。
不过，将自己的孩子算在内，身边有这类人也很正常……对吧？
是的
没错哦！
一个班里总会有个别吧？
当然！

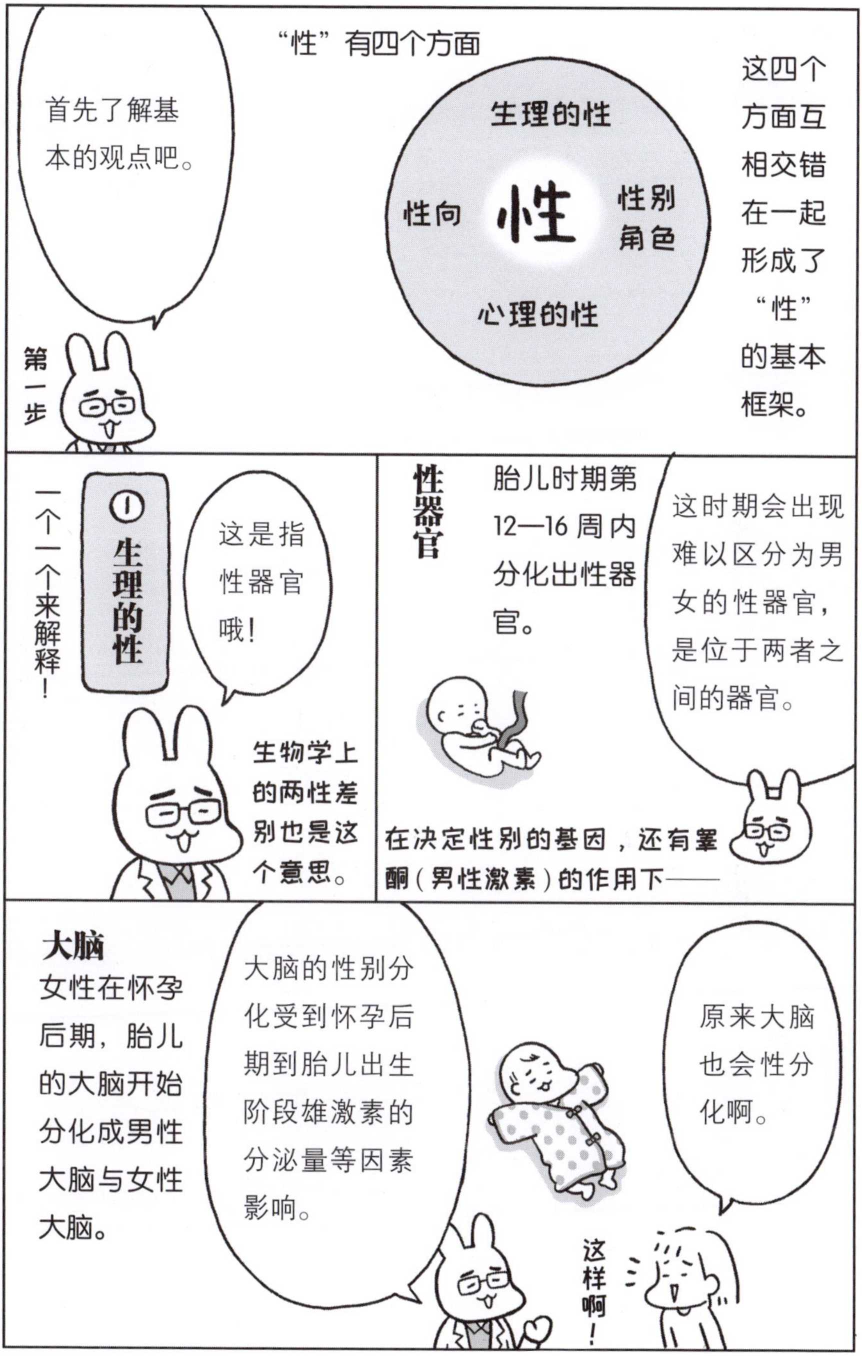
第一步
首先了解基本的观点吧。
“性”有四个方面
生理的性
性向
性
性别角色
心理的性
这四个方面互相交错在一起形成了“性”的基本框架。
①生理的性
一个一个来解释！
这是指性器官哦！
生物学上的两性差别也是这个意思。
性器官
胎儿时期第12—16周内分化出性器官。
这时期会出现难以区分为男女的性器官，是位于两者之间的器官。
在决定性别的基因，还有睾酮（男性激素）的作用下——
大脑
女性在怀孕后期，胎儿的大脑开始分化成男性大脑与女性大脑。
大脑的性别分化受到怀孕后期到胎儿出生阶段雄激素的分泌量等因素影响。
原来大脑也会性分化啊。
这样啊！

由于分化的时间不同，
性器官的性别基本确定
12–16周
大脑性别基本确定
怀孕后半阶段
胎儿
性器官和大脑的性别并不是同时分化的。
这样啊，原来还有这回事！
不过没觉得特别。
另外，大脑的性别不等同于心理的性别，
虽然两者有所关联，但并不等同。
这点容易混淆！
②心理的性
自己认定性别，也被称为“性别自认”。
相关用语
T 变性人是指自身生理性别与心理性别不同的人。
女
男
双方
来回徘徊
不属于两者
举例来说就是这样！

性别的区分并不是一下完成的，
而是随着时间推移而慢慢确立。
有时候会在男女性别间来回摇摆不定。
女
男
以前我在大学教书的时候——
有这么个学生……
老师，您觉得我是男生，还是女生？
没错！
是女生吗？
没错！今天我是女生。
但在不同的时间里，我有时候是男生，有时候两者都不是。
女
男
我从他那知道了这些。
渐进！
摇摆不定！
还真是

原来如此……
之前以为性别非男即女。
说实话，我之前一直觉得性别只有男女两种。
看待事物的角度也变了！
体会到这种感觉后，对事物的认知也发生了变化呢。
令人感叹！
③ 性向
这是指自己喜欢或感受到性欲的人属于哪种性别。事实上还包括不具有恋爱感或性欲望的性向，即无性爱。
相关用语
L Lesbian 女同性恋者
G Gay 男同性恋者
B Bisexual 双性恋者
异性恋者的英文为“heterosexual”。
同性恋或双性恋被视作少数群体。
古希腊
同性恋被视为正常情况。
日本
（江户时代以前）
武士、僧侣阶层同性恋被视作一般风俗。
不同时代，人们的观点也不同呢。
这样啊！

④ 性别角色
性别角色并非天生固有的，而是根据社会、文化模式后天学习掌握的。
性别角色也被称为“gender”。
性别角色？
关于男性和女性的一般印象中也包含这个哦！
很耳熟！
一般印象的例子
温柔、被动、柔弱
注重细节、乐于照顾人
感性、嫉妒心强、爱哭
强壮、强大、粗鲁
干劲十足、果断
直爽、勇敢、包容
女性气质
男子气概
把爱吃醋、柔弱说成是女性气质，感觉强加了一些负面印象，真不舒服。
男子气概与其说压抑，倒不如说包含了鞭策人的部分，所以难以否决。
毕竟就连“粗鲁”也被解释为正面形象！
不都是好印象吗？
男子气概

不过完全符合这些“男子气概”的男性几乎不存在吧？
明明一副“男子气概”！
这么说……还真是！
我也做不到
在懂事以前，大人就要求男孩有男孩样，女孩要有女孩样。
等到自己也觉得理应保持自己性别形象时——
我这么做好像不像男生。
你的扣子掉了，我帮你缝好！
我完全没注意到！
谢谢！
等等？我这样还算个女孩吗？
就会有像这样的苦恼！
不好！必须纠正过来！
大多数人在青春期会发现自己没法做到保持应有的性别形象。
我没法粗鲁！我就是这样的人嘛！
越是抱有“必须如此”的想法，就越会陷入自卑，有可能难以放下包袱。
再这样，我就太不像样了……
真是不容易啊！

这些要素复杂地综合在一起，
构成了个人的性模式。
大人应该明白“自己的性模式与身边人不一定相同”，要向孩子积极传达这个道理。
性别角色
生理的性
性向
心理的性
有许多性模式和表现形式！
性模式事实上非常多样化，光是 LGBT 还无法全部涵盖。
如果要表现多元化，只讨论性少数者就有些奇怪哦！
说得还真对！
多样化
性多数者也是多样化的一部分。
现如今，为指代包括性多数者在内所有人的属性，
人们开始使用这个词——
SOGI
性向与自我性别认同
Sexual Orientation & Gender Identity
自我认同的性别
喜欢的对象的性别

所谓“多样化”，就是指“丰富”。
你我都是多样化中的一分子！
希望大家能坚持多样才有趣的人生观。
如果……
自己的孩子为此苦恼，当父母的该怎么办才好呢？
该怎么商量呢？
说的是呢！
孩子们不会主动和父母商量。
至于原因——
父母要是知道这件事会生气吧？
有可能会让他们难过、失望。
孩子们的思考方式是这样的。

所以，
希望大人为了消除心中的偏见和误解，主动开始学习！
阅读与性模式有关的书籍
在学习中就会重新意识到，子女不是父母的分身，两者也并不等同。亲子关系其实就是与他人的关系。
子女
父母
自己的性向以及心仪对象的性别
除了我的孩子，其他人的观念和感觉都各不相同呢！
但不必装出很了解的样子，
我不了解孩子的感觉是很正常的。
虽然想去了解——
不过……
否则就是在自欺欺人！
我想要保护好孩子自己的感受，
同时也想成为能让孩子安心的心灵避风港。

在此基础上，当涉及
这方面的话题时——
我早就心存怀疑了，
你是那种人吧！
哈哈哈哈哈
……
“怀疑”这说法
怪怪的，而且那
样子……就像在
把人当白痴！
这什么主持人！
……
在大庭广众
下，片面地
谈论别人的
性向，真没
教养！
真讨厌！
一点点表
现出真诚
理解的态
度。
男人穿粉色
衣服又怎么
了！
……
看到父母的态度，
说不定孩子就会主
动前来商量。
那个……
绝对不能强制孩子
公开性向的事情！
这种情况下，
如果孩子同意就可以与
学校交流。
希望您能
帮助孩子！
我明白了！

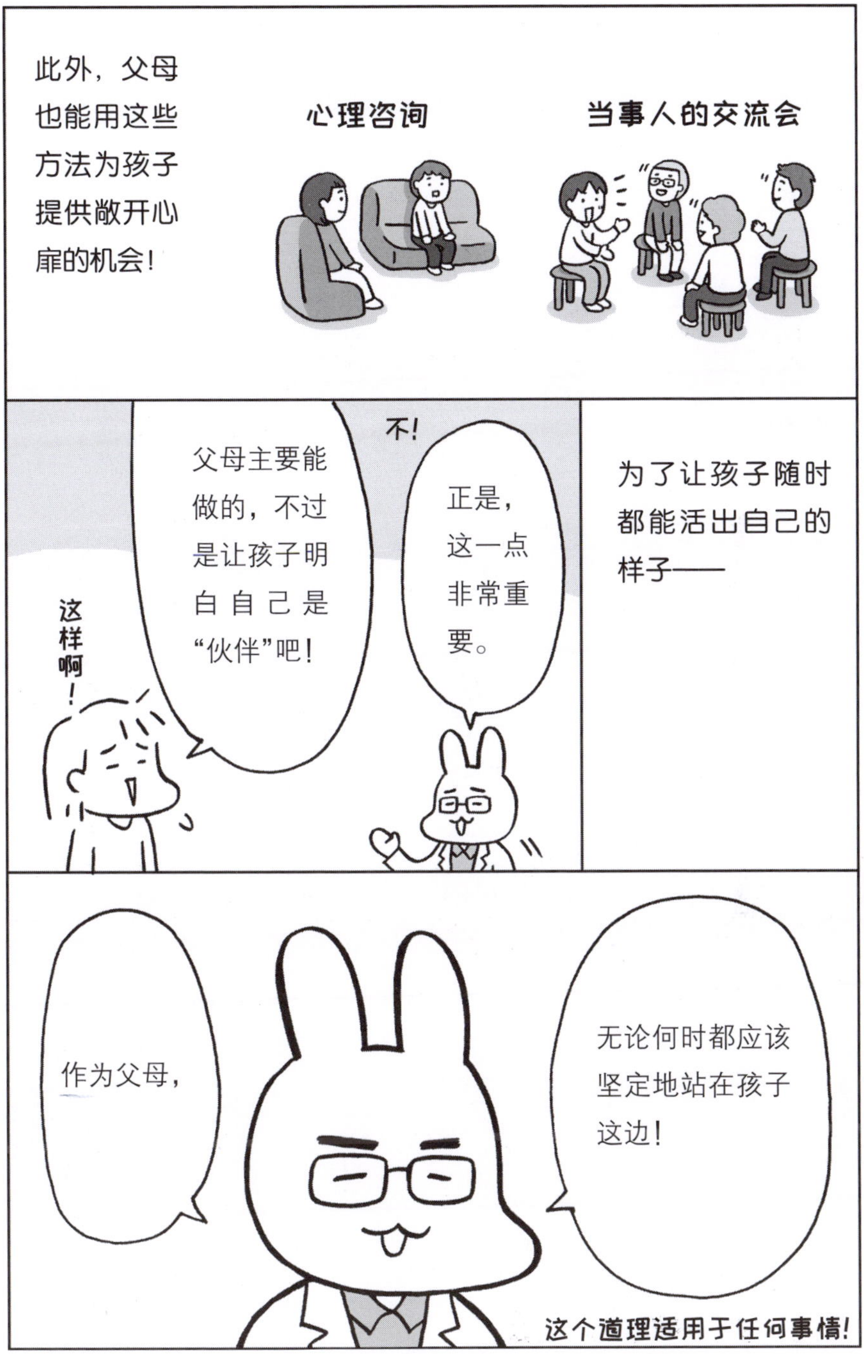

此外，父母也能用这些方法为孩子提供敞开心扉的机会！
心理咨询
当事人的交流会
父母主要能做的，不过是让孩子明白自己是“伙伴”吧！
不！
正是，这一点非常重要。
这样啊！
为了让孩子随时都能活出自己的样子——
作为父母，
无论何时都应该坚定地站在孩子这边！
这个道理适用于任何事情！

希望家长了解的性知识

那么
经过这么久的学习，大家是怎么看待性教育的话题呢?
头一回知道从小就能教这么多事情!
“从幼童期起就是最佳时机”，我明白这句话的意思了!
理解了!
说真的
我从没想过性教育的话题这么广泛……颠覆了之前的印象。
父母该教什么、教到哪一步的问题也解决了，真棒!
以前，男生就是未知领域……
我明白了认识男女双方的身体与心灵的重要性。
我曾抱有“长大后就自然会懂”的不负责任的想法，没思考过产生这种想法的背景……
彼此间的误解也似乎消解了一大半!

孩子为了确认自己的身心和父母的羁绊，就会想要了解性知识。
父母为了守护孩子，让孩子最终能自立生活，就要教授性知识。
希望将来每个人与他人相遇时，都会重视彼此的身体与心灵。
让我们和孩子一起揭开今后时代的新篇章！
终

后 记

感谢各位读者能读到这里。本书的主题是“性教育”，或许对于有些读者来说，阅读的难度会有点大。

关于性教育，我以前抱着“因为不太了解，所以想学习”的想法，同时内心也有抗拒和不安，不确定学习之后能否教会孩子。

有一天，我听了村濑幸浩老师的讲座后感受到了巨大的冲击：“原来真正的性教育这么有趣啊！”那天，我的心灵仿佛感受到了闪电般的震撼，那种豁然开朗的感觉令人难以忘怀。抱着这样的心情，我开始了创作。

我跟有孩子的朋友们说自己在创作性教育的书。大部分人听到后都露出了半信半疑的表情并表示“这样啊……的确有必要进行性教育呢”或“性教育啊……真是不想做，但还得必须去做吧”。

后来，我才感受到，对很多人来说，性教育是“有必要而又想尽量去避免”的事情。

因此，我在创作本书的时候，目的就在于让抱有这些想法的大人消除抵触情绪，在阅读中收获“原来如此”的发现。这本书不仅是入门读物，其中也包含深刻的内容。希望我在性教育中感受到的乐趣能传递给读者。

在完成本书的过程中，我得到了许多人的帮助。

许多妈妈和爸爸分享了各种趣闻和真心话。设计师坂野弘美女士为本书精心设计了吸引人且与书架相搭配的“造型”。杤木纱织女士为我引见了村濑老师，还帮忙制作了专栏内容。还有角川书店的因田亚希子小姐，她为本书投入了大量的心血，在校对完毕时也表示了不舍。此外还有许多相关人士在此难以一一写下，我向他们表示衷心的感谢。

我要特别感谢村濑幸浩老师的指点，他学问渊博、经验丰富，从对人类饱含温情的视角教会了我许多。每次与村濑先生交谈，我内心都会为之一动并恍然大悟。我曾犹豫是否能将他描绘成兔子的形象，但老师爽快地答应了，这令我感动不已。我很高兴能和老师一起创作这本书，非常感谢！

最后，对于阅读本书的读者，我也表达由衷的谢意。不全面也好，不完美也罢，从自己力所能及的事情一点点做起。我相信这份努力不仅有益于孩子，我们大人也能从中收获自己的未来！

福地麻美

关于谁来负责孩子的性教育这一问题，大多数家长的回答是学校老师，而老师们则会说应该是家庭。现如今在许多国家，不论是学校也好家庭也好，都在积极地投入对孩子的性教育。日本也已跳出互相推诿责任的阶段，学校与父母达成一致观点，开始普及性教育。其中背景，是因为孩子们所处的性环境开始变得复杂而危险。

但是，尽管人们已经理解了性教育的必要性，实际上却难以推动其发展。首先，自己都没接受过系统学习，那么性教育该从哪一步教起？一说到“性”，就会立马联想到性交或性器官之类的事，然后想着“这种事情说不出口，太害羞了”而打退堂鼓。

这是可以理解的。

为此，本书在注重教育孩子性知识的内容和方式的同时，也十分强调让父母重新去学习性知识。在学习中，本书讨论了“不好意思说出口”的性交、性器官等。就算不能一蹴而就，本书也希望能启发大人在今后好好思考，并在适合的时机开口谈论该话题。

性是与人赖以生存的生命本源息息相关的主题，也是人类联系彼此、享受幸福人生所不可或缺的主题。将这一主题视作下流猥琐、毫无价值的，还是复杂而具有魅力的，是值得加以探讨的事情，这点与我们每个人的人生模式也有着重大关系。

我在上文提到，如今学校和家庭都该下定决心去推行性教育。学校要根据教学计划设置不同年级的课程安排，并以文字、图画的形式进行教学。家庭的教育方式与此相应，要负责解决孩子的疑惑与问题，对孩子的行为与身体的变化多加注意并提供建议。

此外，在家庭教育方面，父母、家人的日常举动以及相关人士对孩子的影响具有不可小觑的意义。毕竟孩子在家里度过的时间要远多于在学校。

长期以来，家庭氛围像空气一般存在——家长注视孩子的目光、交谈时的用词和语气、举止行为的方式以及待人接物的礼仪等。这种日常的言行会影响到孩子的人生观、价值观以及对性的思考方式和感受。总而言之，家庭性教育指的就是这类事物的综合体。

希望本书能作为有价值的资料、参考书，让家长对“性”重新进行学习，思考从什么角度帮助孩子过得幸福。如果这本书能起到作用，那么作为制作人的一员，我会感到由衷地高兴！

村濑幸浩